海上絲綢之路基本文獻叢書

海防纂要（二）

〔明〕王在晋 撰

文物出版社

圖書在版編目（CIP）數據

海防纂要．二 / （明）王在晋撰．-- 北京 ： 文物出版社，2022.7
（海上絲綢之路基本文獻叢書）
ISBN 978-7-5010-7651-2

Ⅰ．①海… Ⅱ．①王… Ⅲ．①海防－軍事史－中國－明代 Ⅳ．① E294.8

中國版本圖書館 CIP 數據核字（2022）第 086620 號

海上絲綢之路基本文獻叢書

海防纂要（二）

撰　　者：〔明〕王在晋
策　　劃：盛世博閱（北京）文化有限責任公司

封面設計：鞏榮彪
責任編輯：劉永海
責任印製：蘇　林

出版發行：文物出版社
社　　址：北京市東城區東直門内北小街 2 號樓
郵　　編：100007
網　　址：http://www.wenwu.com
經　　銷：新華書店
印　　刷：北京旺都印務有限公司
開　　本：787mm×1092mm　1/16
印　　張：13.25
版　　次：2022 年 7 月第 1 版
印　　次：2022 年 7 月第 1 次印刷
書　　號：ISBN 978-7-5010-7651-2
定　　價：90.00 圓

總緒

海上絲綢之路，一般意義上是指從秦漢至鴉片戰争前中國與世界進行政治、經濟、文化交流的海上通道，主要分爲經由黄海、東海的海路最終抵達日本列島及朝鮮半島的東海航綫和以徐聞、合浦、廣州、泉州爲起點通往東南亞及印度洋地區的南海航綫。

在中國古代文獻中，最早、最詳細記載『海上絲綢之路』航綫的是東漢班固的《漢書·地理志》，詳細記載了西漢黄門譯長率領應募者入海『齎黄金雜繒而往』之事，書中所出現的地理記載與東南亞地區相關，并與實際的地理狀況基本相符。

東漢後，中國進入魏晋南北朝長達三百多年的分裂割據時期，絲路上的交往也走向低谷。這一時期的絲路交往，以法顯的西行最爲著名。法顯作爲從陸路西行到印度，再由海路回國的第一人，根據親身經歷所寫的《佛國記》（又稱《法顯傳》）一書，詳細介紹了古代中亞和印度、巴基斯坦、斯里蘭卡等地的歷史及風土人情，是瞭解和研究海陸絲綢之路的珍貴歷史資料。

隨着隋唐的統一，中國經濟重心的南移，中國與西方交通以海路爲主，海上絲綢之路進入大發展時期。廣州成爲唐朝最大的海外貿易中心，朝廷設立市舶司，專門管理海外貿易。唐代著名的地理學家賈耽（七三〇～八〇五年）的《皇華四達記》記載了從廣州通往阿拉伯地區的海上交通『廣州通夷道』，詳述了從廣州港出發，經越南、馬來半島、蘇門答臘半島至印度、錫蘭，直至波斯灣沿岸各國的航綫及沿途地區的方位、名稱、島礁、山川、民俗等。譯經大師義净西行求法，將沿途見聞寫成著作《大唐西域求法高僧傳》，詳細記載了海上絲綢之路的發展變化，是我們瞭解絲綢之路不可多得的第一手資料。

宋代的造船技術和航海技術顯著提高，指南針廣泛應用於航海，中國商船的遠航能力大大提升。北宋徐兢的《宣和奉使高麗圖經》詳細記述了船舶製造、海洋地理和往來航綫，是研究宋代海外交通史、中朝友好關係史、中朝經濟文化交流史的重要文獻。南宋趙汝適《諸蕃志》記載，南海有五十三個國家和地區與南宋通商貿易，形成了通往日本、高麗、東南亞、印度、波斯、阿拉伯等地的『海上絲綢之路』。宋代爲了加强商貿往來，於北宋神宗元豐三年（一〇八〇年）頒佈了中國歷史上第一部海洋貿易管理條例《廣州市舶條法》，并稱爲宋代貿易管理的制度範本。

元朝在經濟上採用重商主義政策，鼓勵海外貿易，中國與歐洲的聯繫與交往非常頻繁，其中馬可·波羅、伊本·白圖泰等歐洲旅行家來到中國，留下了大量的旅行記，記録元代海上絲綢之路的盛況。元代的汪大淵兩次出海，撰寫出《島夷志略》一書，記録了二百多個國名和地名，其中不少首次見於中國著録，涉及的地理範圍東至菲律賓群島，西至非洲。這些都反映了元朝時中西經濟文化交流的豐富内容。

明、清政府先後多次實施海禁政策，海上絲綢之路的貿易逐漸衰落。但是從明永樂三年至明宣德八年的二十八年裏，鄭和率船隊七下西洋，先後到達的國家多達三十多個，在進行經貿交流的同時，也極大地促進了中外文化的交流，這些都詳見於《西洋蕃國志》《星槎勝覽》《瀛涯勝覽》等典籍中。

關於海上絲綢之路的文獻記述，除上述官員、學者、求法或傳教高僧以及旅行者的著作外，自《漢書》之後，歷代正史大都列有《地理志》《四夷傳》《西域傳》《外國傳》《蠻夷傳》《屬國傳》等篇章，加上唐宋以來衆多的典制類文獻、地方史志文獻，集中反映了歷代王朝對於周邊部族、政權以及西方世界的認識，都是關於海上絲綢之路的原始史料性文獻。

海上絲綢之路概念的形成，經歷了一個演變的過程。十九世紀七十年代德國地理學家費迪南・馮・李希霍芬（Ferdinad Von Richthofen，一八三三～一九〇五），在其《中國：親身旅行和研究成果》第三卷中首次把輸出中國絲綢的東西陸路稱爲『絲綢之路』。有『歐洲漢學泰斗』之稱的法國漢學家沙畹（Édouard Chavannes，一八六五～一九一八），在其一九〇三年著作的《西突厥史料》中提出『絲路有海陸兩道』，蘊涵了海上絲綢之路最初提法。迄今發現最早正式提出『海上絲綢之路』一詞的是日本考古學家三杉隆敏，他在一九六七年出版《中國瓷器之旅：探索海上的絲綢之路》中首次使用『海上絲綢之路』一詞；一九七九年三杉隆敏又出版了《海上絲綢之路》一書，其立意和出發點局限在東西方之間的陶瓷貿易與交流史。

二十世紀八十年代以來，在海外交通史研究中，『海上絲綢之路』一詞逐漸成爲中外學術界廣泛接受的概念。根據姚楠等人研究，饒宗頤先生是華人中最早提出『海上絲綢之路』的人，他的《海道之絲路與昆侖舶》正式提出『海上絲路』的稱謂。選堂先生評價海上絲綢之路是外交、貿易和文化交流作用的通道。此後，大陸學者馮蔚然在一九七八年編寫的《航運史話》中，使用『海上絲綢之路』一詞，這是迄今學界查到的中國大陸最早使用『海上絲綢之路』的人，更多地限於航海活動領域的考察。一九八〇年北京大學陳炎教授提出『海上絲綢之路』研究，并於一九八一年發表《略論海上絲綢之路》一文。他對海上絲綢之路的理解超越以往，且帶有濃厚的愛國主義思想。陳炎教授之後，從事研究海上絲綢之路的學者越來越多，尤其沿海港口城市向聯合國申請海上絲綢之路非物質文化遺産活動，將海上絲綢之路研究推向新高潮。另外，國家把建設『絲綢之路經濟帶』和『二十一世紀海上絲綢之路』作爲對外發展方針，將這一學術課題提升爲國家願景的高度，使海上絲綢之路形成超越學術進入政經層面的熱潮。

與海上絲綢之路學的萬千氣象相對應，海上絲綢之路文獻的整理工作仍顯滯後，遠遠跟不上突飛猛進的研究進展。二〇一八年厦門大學、中山大學等單位聯合發起『海上絲綢之路文獻集成』專案，尚在醞釀當中。我們不揣淺陋，深入調查，廣泛搜集，將有關海上絲綢之路的原始史料文獻和研究文獻，分爲風俗物産、雜史筆記、海防海事、典章檔案等六個類别，彙編成《海上絲綢之路歷史文化叢書》，於二〇二〇年影印出版。此輯面市以來，深受各大圖書館及相關研究者好評。爲讓更多的讀者親近古籍文獻，我們遴選出前編中的菁華，彙編成《海上絲綢之路基本文獻叢書》，以單行本影印出版，以饗讀者，以期爲讀者展現出一幅幅中外經濟文化交流的精美畫卷，爲海上絲綢之路的研究提供歷史借鑒，爲『二十一世紀海上絲綢之路』倡議構想的實踐做好歷史的詮釋和注脚，從而達到『以史爲鑒』『古爲今用』的目的。

凡例

一、本編注重史料的珍稀性，從《海上絲綢之路歷史文化叢書》中遴選出菁華，擬出版百册單行本。

二、本編所選之文獻，其編纂的年代下限至一九四九年。

三、本編排序無嚴格定式，所選之文獻篇幅以二百餘頁爲宜，以便讀者閱讀使用。

四、本編所選文獻，每種前皆注明版本、著者。

五、本編文獻皆爲影印，原始文本掃描之後經過修復處理，仍存原式，少數文獻由於原始底本欠佳，略有模糊之處，不影響閱讀使用。

六、本編原始底本非一時一地之出版物，原書裝幀、開本多有不同，本書彙編之後，統一爲十六開右翻本。

目録

海防纂要（二）

海防纂要（二）

卷二至卷四

〔明〕王在晋 撰

明萬曆四十一年刻本

海防纂要卷之二

黎陽王在晉明初甫纂

直隸事宜

直隸東濱巨海北亘長淮中貫大江江南則爲蘇松常鎭諸郡江北則爲淮揚諸郡其勢不能以相援也故各有巡撫之設在蘇松四府有防海防江二者之責在淮揚二府有防海防江淮三者之責以其均之爲直隸也合爲一卷

江南諸郡

都御史方廉議云松江府自金山衛至南滙所官軍各分信地各有定額如金山衛以西守禦獨樹江門二營舊制各設官軍四十名又貼守兵共一百名金山衛金山營胡家港堡蔡廟港堡舊制各設官軍四十名又貼守軍共三百五十二

名已上正守軍人係金山衛查撥貼守軍係太倉鎮海二衛嘉興千戶所調發每歲二月上班十月掣班青村以東各洪港舊制係青村官軍把守南滙以北各洪港舊制係南滙官軍把守今查修復海塘須照舊分派但太倉鎮海嘉興同有倭患貼守官軍似難調發相應於金山青村適中如柘林地方南滙吳淞適中如七八團地方添設陸路把總二員各領精兵一千暫借民居劄營隨路有警相機策應此松江海塘設備之大略也若沿海港口金山以東有翁家港蔡廟港柘林漴缺等處南滙以北有四五六七八九團洪口川沙窪清水窪等處宜設船防

守按舊制金山衛所造船各有定額左右前後所每百戶所造出海哨船四隻共計八十隻青南二所每百所造出海哨船四隻共計八十隻俱就各衛所派撥巡軍在海巡邏正統間因海患寧謐或以船為虛費題准以江船易馬而哨船之制遂廢矣今議設船隻一馬之資不足以備一船之用官軍窮苦又難賠貱合令每馬二匹造船一隻再於衛所查有地租公費銀兩與松江府庫軍前銀內相兼輳數每船量貼銀十兩金山衛總委一官督造其各船應用器械火器合於原議太倉置造軍器內給發聽用就點各衛所知水軍人操習水戰布列港口各分信地如倭賊

突至而敢容其停泊者服以上刑則自無規避之患矣此松江海港設備之大略也夫沿海設備固爲上策萬一外守不固則黃浦一帶又爲松蘇險要守浦乃所以守門戸猶可愈于守城矣今吳淞江口卽爲黃浦口子既經設備而吳淞江所亦設兵一枝以防深入矣至於上海之高倉渡沈庄塘周浦閘港閔行華亭之葉謝曹涇張堰等處賊一一登岸搶船渡浦甚易除松江先後打造雙塔船鷹船各船發上海華亭召募水兵分布沒浦各港巡邏把截又華亭上二縣各募鄉兵護守城池有警調至浦邊協守但前項兵

夫官無專職則事難責成而沿浦二百里之遠本府
巡捕官一人勢難管攝合令清軍同知一員帶管華
亭鄉兵水兵自豐涇以至閔行皆其信地再設巡捕
同知一員任劄上海專管該縣鄉兵自閔行以至嘉
定界首皆其信地無事率兵操演有事統兵防守此
松江内地設備之大略也然倭船之來乘風渡海勢
難聯絡每至海外大山必停船候齊然後深入照得
洋山爲本府所屬爲定海吳淞江二總兵兵船會哨
之處以地里適均故也本府所造之船數本不多僅
可以支把港之用此但可以言守而不可以言戰須

得福船蒼山各數十隻沙者民船二三百隻每至風汛時月分泊港口各任信地更番出至洋山徃來遊擊晝夜不絕外則爲定海吳淞江會哨兵船之羽翼内則爲海滸港把守兵船之捍衛遇有海賊齊力奮擊賊船䑸散而少我船䑸合而衆盛衰之氣勢既分則勝負之分數自判得海防之上策矣又查得沿海民竈原有採捕魚蝦小船竝不過海過番且人船慣習不畏風濤合行示諭沿海有船之家赴府報名給與照身牌面無事聽其在海生理遇警隨同兵船追勦則官兵無造船募兵之費而民竈有得魚捕盜之益

此松江海洋設備之大略也
副使溫景葵議云蘇州沿海一帶險隘甚多舉其大
者則常熟有福山港白茆塘太倉有劉家河七丫港
嘉定有吳淞江黃窑港皆賊之通衢而東吳之門戶
此則所謂一府之險要長洲則泖湖浩蕩吳江則鶯
湖相屬吳縣則太湖交通皆賊之徑道而腹裏之關
隘此則所謂一縣之險要其次則福山以西有三丈
浦斜橋以東有許浦金涇劉家河以北有新塘浪港
茜涇吳淞江以南有寶山以東有老鸛嘴均之所謂
險要而少次焉者況海濱數百里一望平坦非有山

嵐險阻爲之扼塞皆可以泊船登岸要害無邊兵力有限而防禦之計當先其大者以海邊惟福山爲最以腹裏惟勝墩爲最故劉家河吳淞江福山港舟師防守不可單弱白茆口七丫港黃窰港俱當預設戰艦庶與各港相爲犄角又如賊自東南而來必由寶山吳淞江宜發船一艅泊于吳家沙以堵截之賊自東北而來必由三沙劉家河宜發船一艅泊於營前沙以堵截之把總遊兵船隻往來策應而三丈浦新塘老鸛嘴等處亦待以聯絡而并制則蘇之外防或可無憂矣至於風汛時月吳淞水兵統發勝墩平望

以防嘉興突犯之寇吳縣水兵統發太湖以防蠡里突犯之寇長洲團發水兵統周莊以防泖湖突犯之寇本府相度緩急發遣水陸之兵以爲應援蘇之内防或可無憂矣然福山港劉家河吳淞江各該把總之官統領兵船在洋堵截以爲有備但賊之來聯䑸接艦乘風駕潮萬一不能盡行邀擊或有一二泊淺登岍則水兵束手旁觀任其焚劫無可奈何而把總官亦且以爲非所事事矣合於常熟縣分撥兵勇一千名屯駐福山港五百名屯駐白茆塘太倉州分撥勇兵一千名屯駐劉家河太鎮二衛原練杆子軍兵

五百名屯駐七丫港嘉定縣分撥兵勇一千名屯駐吳淞江五百名屯駐黄窰俱聽各該把總選官分領相機調度賊在外洋則水兵擊之賊若登岸則陸兵堵之彼此夾攻遠邇互應各該州縣量爲聲援如此則賊亦疑畏而不敢犯矣至於腹裏如崑山縣分撥兵夫三百名屯駐清洋江三百名屯駐千墩吳江縣分撥兵夫五百名屯駐勝墩各張聲勢以助軍威各該領兵官聽其調遣不許退避萬一賊勢重大未易爲功則各枝之兵又宜聽府州縣掌印官調回守城庶事體專一可以責成兵勢聯絡不致孤懸矣

都御史唐順之云海賊入江由江兩㟁登陸之路蓼角嘴營前沙南北相對海面約濶一百四五十里爲第二重門戶周家橋與圌山相對周家橋北㟁至順江洲與江南分界江面約濶六七里順江洲至新洲夾江面約濶七八里新洲夾至圌山南㟁江面約濶十四五里爲三重門戶三處領水兵官須整備船艦晝夜緊守三門勤會哨以防春汛門戶既固堂奥自安若三門稍有疎虞至不得已而守金焦兩㟁所謂下策與無策矣

巡撫都御史翁大立題云今日海防之要惟有三策

出海會哨毋使入港者得上策循塘距守毋使登岸者得中策出兵列陣毋使近城者得下策不得已而至守城則無策矣臣周行海壖分布信地視吳淞所乃水陸之要衝蘇松之喉吭也提兵南向可以援金山之急揚帆北哨可以扼長江之險以副總兵鎮之自吳淞而北爲劉家河爲七丫港又東爲崇明縣七丫而西爲白茆港爲福山又折而西北爲楊舍爲江陰爲靖江又西爲孟河爲圌山此皆舟師可居利於水戰臣皆設有兵船非統以把總即統以指揮而又以圌山遊兵把總駐劄管前沙會哨於江北吳淞遊

兵把總駐劄竺箔沙會哨於洋山常鎮叅將統水陸
兵據江海之交鎮守於楊舍所以備水戰者亦既密
矣但吳淞而南雖有港汊每多砂磧賊可登岸兵難
泊舟非選練步兵循塘距守以出中策不可也今自
吳淞所而南爲川沙堡以把總練兵一枝守之川沙
而南爲南滙而西爲青村所以把總練兵一枝守之
青村而西爲柘林堡以都司練兵一枝守之此皆不
遠六十里聲援易及首尾相應宛然常山蛇勢也柘
林而西爲金山衛西連乍浦東接柘林頻年皆賊巢
窟添設遊擊將軍一員統領馬步遊兵往來遊徼則

北可以護松江而西可以援乍浦

副總兵鄧城曰倭自彼島入寇必乘風汛之便如遇正東風必由下八陳錢馬蹟等澳以犯浙江遇東南風必由茶山入大江犯直隷所以然者以海中山沙自馬蹟而北至於崇明或斷或續互相連絡船不能東西飛渡故　國初於海島便近去處俱設衛所堡寨以控禦之至爲精密承平日久寨衛徙置倭患浸興今督撫修復舊制凡海中諸山沿海險隘建官屯守分船巡哨自舟山以北如大衢馬蹟洋山爲倭所必經之地而陳錢尤爲分䑸要衝設正副二總兵分

駐金山臨山互守陳錢絫將分屯馬蹟等山以防倭寇之從下八山來者又於狼山蓼角嘴設遊兵把總以防倭寇之從茶山來者又於昌國以北崇明以南沙島迂迴洋山中峙仍設遊絫二員一駐定海一駐竺箔嚴督各總南北會哨以防倭寇之四散逸入者伺察既嚴警報尤捷居常各督所轄有急互相策應賊又安能越過各島流毒內地哉當職者誠能守如赴戰哨如賊臨運臂使指潛機伏形或迎其來或邀其歸萬無不中矣已上俱籌海重編

蘇松水陸守禦論

蘇松爲畿輔望郡瀕于大海自吳淞江口以南黃浦以東海壖數百里一望平坦皆賊徑道往故不能禦之于海致倭深入二府一州九縣之地無不創殘其禍慘矣今建議松江之有海塘而無海口者則自上海之川沙南滙華亭之青村柘林乃賊所據爲巢宜各設陸兵把總屯守之而金山界于柘林乍浦之間尤爲浙直要衝特設總兵以統領又添遊兵把總專駐金山往來巡哨所以北衛松江而西援乍浦也至於蘇州之沿海多港口者則自嘉定之吳淞所太倉之劉家河常熟之福山港凡賊舟可入者各設水兵

把總堵截之而崇明孤懸海中尤爲賊所必經之處特設叅將以爲領袖又添遊兵把總二員分駐竺箔營前二沙往來會哨所以巡視海洋而警報港口也内外夾持水陸兼備上可以禦賊于外洋下可以巡哨而相守亦既精且密矣但調募客兵不如練土著之兵可馴習而有常官造戰船不如雇民造私船反堅久而省費是在當事者酌行之而已職方攷鏡

江北諸郡

都御史唐順之云廟灣剿賊之路原有兩條一條從寶應拖船過壩水路自清溝喻口進攻則兵勢既便

而饋餉亦易一路從淮安至馬邏陸路進攻則兵勢既迂而饋餉亦難

又云江北局面與江南浙福不同靠不得水戰止靠陸戰也

閩縣知縣仇俊卿云海寇之來每自南而北度南麂山則自廣入閩矣過流江寨則出閩入浙東矣越海門則又浙之西矣踰寶山至吳淞沙上等處則又自浙入江南直隸矣沙上以南不暇泛及茲以海道之要害切于江北者言之狼山當江海之吭而蓼角掘港皆揚之東南界也朐山據淮海之首鬱州嘤游山皆

淮之東北境也中包泰興之周家橋鹽城之射陽湖山陽之雲梯關廟灣等處此皆沿海衝要之區寇盜可以停船出沒之處乃據守所當先者也

吳郡監生金魚云倭寇之患起於吳浙而沿及淮揚蓋揚州富甲天下人所素聞三十五年之夏賊以二百餘人突至揚州城下城中謹閉自守任其遊逸無如之何大掠而去自是益生歆豔而揚爲賊所必窺之地矣以江北之大勢言之東起蓼角嘴大河口以及呂四盧家等場沿于楊樹港海門裏河通州與如皋泰州稍折而北則爲揚州矣過揚州而西稍北則

天長滁州抵中都踰海門而北則爲徐步營又北則爲崛港又東北則爲新插港轉而西北則金沙鹽城廟灣劉庄姚家蕩再西北則蛤蜊麻線等港而至大海口矣劉庄東西北則安東安東之北則爲海州贛榆泰州西北則爲高郵寶應寶應之北爲淮安淮安轉西則泗州以達鳳陽此江北形勢之大畧也賊入海之道有二其一新港爲一道新港卽所謂三江口蓋由南江狼山越儀真瓜州而入登岸則卞家墳周家墳稍折而東則揚州矣此可入以登岸亦可從以出海者也此最爲便道其二則蛤蜊麻線等港沿北

大海口爲一道大海口有水陸路南通廟灣與劉家
庄姚家蕩俱爲大鎮賊若據此我兵屯於湯潮岈等
處賊南尋新港路出不得則必北尋大海口而出勢
所必然也若安東海州之東北有大北海不惟道里
迂遠且砂磧甚多此不可運舟者也崛港新挿港之
東亦有北海砂磧亦多不堪重載此但可從而入不
可出者也是賊出海之路止有三途若其登岈之處
則不一東則蓼角嘴呂四場西則楊樹港徐沙營又
西則狼山楊樹港北則新挿港掘港皆其所從以登
岈而入寇之路也夫賊所歆慕惟在揚州一執居民

便問其道若登狼山必窺通州而揚州在西使于榆東榆西等處率民以掣其後則賊必不敢直前以寇揚州若于蓼角嘴呂四場或新插港掘港以進使于榆東榆西等處屯兵以遏之則揚州可無危故今榆東榆西等處最爲要地而當事者欲屯宿重兵以控扼賊鋒者有以也按江之地細港委蕩固亦有之而平原浩壤則視吳淞爲多夫西北騎兵倭寇未易以嬰其鋒也旣得平地則騎兵可施三十八年之捷以西北騎兵三千爲之先衝可見也他有湯潮岈者又范公所築以捍海溢者也故亦名范公提東南起呂

四場西北抵姚家場綿亘幾三四百里高岡平衍可用騎兵爲之長驅今東關瓜州俱已建堡賊若於蓼角嘴呂四場及新插港掘港以進或不能襲取揚州必轉之東北而窺淮安安東以據劉庄廟灣我軍苟能彼此夾攻之使至湯潮嵊以西北騎兵衝其鋒而以火器繼之各路兵隨後擊之賊可一戰成擒矣故我軍惟利賊之至此者有以也新插港東臨北海素有鹽徒數百艘聚舶崇明北徙之寇欲劫鹽協徒而不果當事者欲置官于此以提督鹽徒使不爲賊用而爲我用亦一見也夫寇興以來燒劫屠戮之慘吳

浙淮揚所同若獲利之多則未有如淮揚者而賊所必不能舍者在是矣況其地運道　陵寢在焉所係尤重乎夫江北之地除安豐等三十六場俱在海內不爲要害其要害之處乃通州也狼山也楊樹港裏河鎮也榆東榆西等場也蓼角嘴呂四場也掘港新插港也廟灣劉庄金沙場姚家蕩也今皆已建城堡設戍守非若往日之無備矣其要害之尤者曰新河出入最便逼近揚州也曰北海所從以通新插港且有鹽徒聚艘於此者也曰廟灣以其爲巨鎮而可通大海口也故當事者欲以把總三人一住新港一住

北海一住廟灣一爲陸路遊擊住劄海安鎮若山安在如臯泰州之間東可以控扼狼山通州海門之入而西可以捍衛揚州也巳上籌海重編

江北設險方略論

淮揚二郡東瀕大海賊舟出沒三面隄防殊難 國初備禦之制淮安設衛二內外各屬五所揚州設衛二內屬所十四外屬所三復建立督府雖職司轉漕實示控扼之勢蓋南北之咽喉非他郡比也乎攷其地形起自東南蓼角嘴以抵姚家蕩緜延三四百里除安豐等三十六場在腹裏不爲要害而要害之處

乃通州也狼山也掘港新開港也廟灣劉家河金沙場也其尤要者有三曰新揚出入逼近揚州也曰北海所從此至新塘港且有鹽艘聚泊也曰廟灣更為重鎮而通大海口也須設把總三員分駐新港北海廟灣更用陸路遊擊一員駐劄海安則東可以控狼山通州海門之入而西可以捍衛揚州矣

江淮要害論

天下之水在北莫大于河在南莫大于江常鎮淮揚當江河入海之衝雖極大艦皆可乘潮而入往歲倭寇聲言分劫其心之狡實欲自鎮江以趨留都自淮

河以窺中原而終不敢深入者由四府之防禦周也又必水陸會哨互援蒼福諸船順流以遏賊鋒賊若登岸則以團練之兵禦之此常勝之形也四府無患則中原留都可高枕而卧矣

浙直福兵船會哨論

浙東地形與福建連壤浙西地形與蘇松連壤利害攸關如兵車相倚之勢故 勑浙江巡撫總浙直福分哨各官互爲聲援而不許自分彼已畫地有限責任相聯廟謨之所以爲善而海防之所以爲固也予攷海中沙南起舟山北至崇明或斷或續暗沙連伏

易於閣淺賊舟大者不能東西亂渡如遇東北風必由下八陳錢馬蹟等山以犯浙江而流突于蘇松如遇正東風必由茶山西行以犯淮揚而流突于常鎮如遇正北風必由琉球以犯福建而流突于兩廣然地方窵遠瞭望難及須總兵官撥遊兵把總領哨千戶百戶等船往來會哨聯絡其在浙江也南則沈家門兵船哨至福建之烽火門而與小埕兵船會北則馬墓兵船哨至蘇州洋之洋山而與竺箔兵船會其在蘇松也南則竺箔沙兵船哨至羊山而與浙江之馬墓兵船會北則營前沙林兵船哨至茶山而與江

北之兵船會絡繹如長蛇群力會集南北夾擊彼此不容豈惟逐倭船于一時殆將靖禍患于無虞矣已上俱職方攷鏡

山東事宜

登州營

登萊二郡凸出于海如人吐舌東南北三面受敵故設三營聯絡每營當一面之寄登州營所以控北山之險也登萊二衛併青州左衛俱隸焉其策應地方語所則有奇山福山中前王徐前諸所語寨則有黃河口劉家汪解宋蘆徐馬停皁河馬埠諸寨語巡司

則有楊家店高山孫界鎮馬停鎮東良海口柴胡海倉魚兒鎮高家港諸司三營各立把總一員以總轄之其在海外則島嶼環抱自東北崆峒牛洋西抵長山蓬萊田横沙門鼉磯三山芙蓉桑島錯落盤踞以爲登州北門之護過此而北則遼陽矣此天造地設之險也然諸島雖近登州而居島中以取魚鹽之利者乃遼陽之編伍非山東之戍卒也旪奴跳梁可畏而不可恃故北海之濵既有府治而設險者復建備倭城于新河海口以爲屏翰且有本營之建焉沿海兵防特重其責非若他省但建水寨于島嶼良有以

也夫島嶼既不設險則海口所係匪輕自營城以東若抹直石落灣子劉家汪平暢蘆洋諸處自營城以西若西王庄西山奕家孫家海洋山後八角城後芝罘莒島諸處皆可通番船登突嚴外戶以綏堂閫其本營典守之責乎

文登營

登萊乃泰山餘絡突入海中文登縣尤其東之盡處也成山以東若旱門灘九峯赤山白蓬頭諸島縱橫沙磧聯絡潮勢至此衝擊騰沸議者謂倭船未敢猝達然考之　國初倭寇成山擣白峯寨羅山寨延大

嵩草島嘴等處海側居民重罹其殃倭果畏海奚而有是哉故文登縣東北有文登營之設所以控東海之險也寧海威海成山靖海四衛皆隷焉其策應地方語所則有寧峰海陽金山百尺崖尋山所語寨則有清泉赤山等寨語巡司則有辛汪溫泉鎮赤山寨諸司逶而北則應援乎登州迤而南則應援乎即墨三營鼎建相爲犄角形勝調度雄且密矣有干城之寄者其思　國初成山之變衣袽終日以儆戒無虞也哉

即墨營

山東與直隷連壤卽墨縣南望淮安東海所城左右相錯如咽喉關鎖邇年登萊海警告寧然淮揚屢被登刼自淮達萊片帆可至犯淮者犯萊之漸也故卽墨所係較二營似尤爲要自大嵩鰲山靈山安東一帶南海之險皆本營控禦之責其策應地方語所則有雄崖膠州大山浮山夏河石洞諸所語巡司則有乳山行村栲栳島逢猛南龍灣古鎮信陽夾倉諸司其海口若塘家灣大任陳家灣鵞兒栲栳天井灣顏武周疃松林全家灣青島徐家庄諸處俱爲衝要隄防尤難　國初倭寇鰲山毒痛甚慘卽本營所轄之

地也殷鑒不遠封守者其可以弗慎乎

一倭患之作嶺嶠以北達于淮揚靡不受害而山東獨不之及豈其無意於此哉亦以山東之民便于鞍馬而不便于舟楫無通番下海之人爲之嚮導接濟焉耳然邇年青齊之兵多爲所擄安知其中無識海道而勾引者乎觀山諸郡民性强捍樂于戰鬭倭之短兵不足以當其長鎗勁弩倭之步戰不足以當其方軌列騎萬一至此是自喪其元也所虞者登萊突出海中腹背受敵難于隄備　國朝專設備倭都指揮一員巡海副使一員分駐二郡衛所森嚴墩堡周

備承平日久不無廢弛申明振厲庶幾其無患乎
一宋以前日本入貢自新羅以趨山東今若入寇必
由此路但登萊之海危礁暗沙不可勝測非諳練之
至則舟且不保何以迎敵而追擊乎故安東以北若
勞山赤山竹篙旱門劉公芝之界八角沙門三山諸島
乃賊之所必泊而我之所當伺焉者也若白蓬頭槐
子口橋鷄鳴嶼金嘴石倉廟浅灘亂磯乃賊之所必
避而我之所當遠焉者也嚴出洋之令勤會哨之期
交牌信驗習熟有素則他日　廟堂或修海運亦大
有賴焉獨禦倭云乎哉

一山東今日之患有二其一曰班兵懷跋扈之志久矣其一曰登萊島民原係遼陽所徙不受法制地方癰毒宜早治而亟平之不然潰决之虞不能免也

一山東關係大要尤在海運考元時海運故道南自福建梅花所起北自太倉劉家河起迄於直沽迢迢五千餘里永樂以來會通河成海運遂廢運者皆由漕河所以避開洋之險也然海險莫甚於成山以東白蓬頭等處危礁亂磯湍流伏沙不可勝紀非熟識水洪不敢行宗伯席書云海運一失人不復生河運有失尚幸不死以生易死輕重耶然是海運之罷端

爲山東之海險也然漕河自王家閘以北至於德州千有餘里乃　國家咽喉命脈其通其塞所係匪輕況黄河漸徙而南或衝而北易爲漕患及今承平修復海運以備不虞豈非　國家之大計哉嘉靖初年廟堂嘗議及此或建議欲於膠州鑿山濬土以達海倉以避洋險山東撫巡病其煩難而止惜小害大可慨也夫會通河也膠萊新河也登萊海險也皆山東所轄之處也今之論山東海患者但知備倭而不知備運故及之

按日本地勢正對寧紹朝鮮地勢最邇登萊隋時

東萊造舟以伐高麗壤相近也嘉隆間倭自本國乘汛入犯所毒痛者上自浙直下及閩廣耳山東未嘗犯寇被兵也今倭據朝鮮則今之山東即昔之閩浙也添守備之說留上班之軍誠急務矣然向者爲患在數千里之外尚爲疥癬之疾今則爲患在數百里之内實爲腹心之憂問罪興師以除剝床之禍在今日誠未易談也雖然高麗自 國初以來爲不侵不叛之臣至于今不貳者恃中國爲之緩急耳若危不能持廢不能興則東南海外朝貢者三十六國將何所觀望哉春秋諸侯有相

侵伐者齊桓公不能救則桓公耻之此山東往事也故及焉

北直隸事宜

按　京畿山河帶礪東負大海向未嘗遭倭亂亦未嘗有備倭之設故兵防官考倭變絕不錄焉以大勢論之山東遼左突出海外畿甸居中越數島而爲朝鮮曩者倭奴在其日本國誠不能飛渡而肆毒也今既據朝鮮而有之則天津永平一帶無不當敵衝者設重鎮集舟師水陸兼備誠不可後矣議者欲甃借運船禦之於海是矣但糧船非樓櫓巨艦之比而運

卒豈乘風破浪之夫非計也議者又欲借舟於閩浙是矣但登萊暗礁突出千里運道久廢豈篙師能卒辨哉此自冬月風汛不便言之若夏天南風盛發之時閩浙舟師亦可取用也是喪已成之我軍而塡無窮之巨浪也無已則召閩之工匠於天津永平隨處造舟無不可者合用木料預先從裏河取運合用兵夫預先於沿海召集合用器械預先發各處打造一面清野練兵備之於陸一面鳩工造舟禦之於海木料具工匠齊數十百艘可計日而就大則爲問罪之師小則爲備禦之計此今日所當亟爲之圖也然又有說焉直隸自寶坻天津永平一帶

以達山海延袤數百里水陸設備當不下二萬之衆
一年之費當不二十餘萬十年則費二百萬也儻倭
奴尚據朝鮮則爲備無巳時也孰若爲一勞永逸之
計興十萬之師水陸並進電掃席捲伸　天朝之威
存亡繼絕固我藩籬較之年年設備便宜百之或謂
高麗失利遼左無功古今明戒子何言之易耶是大
不然隋唐都於長安去高麗最遠因怨興師誠爲黷
武我　朝定鼎北平與高麗共一水耳此門庭之寇
當與周之玁狁漢之單于唐之突厥宋之金元例論
豈隋唐高麗遼左比哉且關白封府虜撫士民財物

無所取百姓無所稅此其志欲何爲耶語曰蝮蛇螫手壯士斷腕蛇已螫頭頭可斷乎此在　廟堂自有定畫無容杞憂爲也

遼東事宜

遼地負山阻海屹然爲東北雄鎮北隣沙漠而遼海三萬瀋陽鐵嶺之統於開原者足遏其衝南枕滄溟而金復寧蓋旅順諸軍聯屬海濱者足嚴守望京師翰屏可謂固矣然觀今日備虜邊防頗爲有賴而備倭海防視爲虛度文蓋自劉江金線島之捷而海氛久熄自山東海運之廢而墩寨益廢於是旅順諸堡

亦無復用識者謂遼東沿邊五路得分守應援之規沿海衛所亦當如其制如旅順而西以金州轄之三岔河而南以蓋州轄之三岔河而東以三屯轄之總兵撫按之統其責者秋汛以防邊爲重防海爲次春汛以防海爲重防邊爲次則雖島夷窺伺豈能遽犯哉

按遼東三面瀕夷一面阻海迤東南爲鴨綠江朝鮮貢道在焉海上自劉江之捷倭夷絕跡蓋恃高麗爲之藩蔽也今高麗危矣覩輔車脣齒之義則爲遼左慮者豈直東虜已哉或謂倭患必不在遼

蓋以倭之志若在子女玉帛也則窮邊絕塞千里蕭條非所垂涎明矣若不自揣量包藏禍心也則揚帆而渡天津豨縱豕突無所不至何必涉遼越薊犯重關之險哉雖然無恃其不來恃吾有以待之造舟秣馬水陸兼防因利乘便批亢擣虛此今日要務也已上俱籌海重編

遼東軍餉論

遼東古營并地其背爲沙漠花當吉列迷諸部落在焉其餘氣爲朝鮮　國朝設瀋陽遼陽三萬鐵嶺四衛統于開元以遏北胡之衝金復海蓋諸軍聯屬海

濱以防島夷烽堠星聯營寨棋布東北藩籬可謂固矣洪武間有以玩南方之心而玩遼故遼人以禦北狄之法而禦倭斬滅無遺海氛蕩熄二百年來邊備如故豈能遽犯哉所虞者地方千餘里官軍數萬止藉山海關一路餽餉我 朝北都燕而遠漕江南粟又自京師達于遼陽飛輓不繼輙吋呶待餔甚而凶荒士卒相食萬一難守虜騎乘間何以馭之此其患不在兵之不强而在食之不足食足則兵强兵强則守固矣司國計者當深念而亟圖之職方攷鏡

太倉使往日本針路

太倉港口開船用单乙針一更船平更者每一晝夜分爲十更以焚香枝數爲度以木片投海中人從船首行驗風迅緩定更多寡可知船至某山洋界

吴淞江用单乙針及乙卯針一更平

寶山到南滙嘴用乙辰針出港口打水六七丈沙埕地是正路三更見茶山茶山水深十八托一云行一百六十里正與此合自此用坤申及丁未針行三更船直至大小七山灘山在東北邊

灘山下水深七八托用单丁及丁午針針三更船至

霍山

霍山用单午針至西後門

西後門用巽巳針三更船至茅山

茅山用辰巳針取廟州門船從門下行過取升羅嶼（廟州門水深急流）

升羅嶼用丁未針經崎頭山出雙嶼港（升羅崎頭俱可泊船崎頭水深九托）

雙嶼港用丙午針三更船至孝順洋及亂礁洋（雙嶼港口水流急孝順洋水深三十托泥地）

亂礁洋水深八九托取九山以行（九山西邊有礁打山行船宜仔細一云亂礁洋水深六托泥地）

九山用单卯針二十七更過洋至日本港口（打水七八托泥

地南邊泊船

又有從烏沙門開洋七日即到日本

若陳錢山至日本用艮針

福建使往日本針路

梅花東外山開船用单辰針乙辰針或用辰巽針十更船取小琉球

小琉球套北過船見鷄籠嶼及梅花瓶彭嘉山

彭嘉山北邊過船遇正南風用乙卯針或用单卯針或用单乙針西南風用单卯針東南風用乙卯針十更船取釣魚嶼

釣魚嶼北邊過十更船南風用单卯針東南風用单
卯針或用乙卯針四更船至黃麻嶼
黃麻嶼北邊過船便是赤嶼五更船南風用甲卯針
東南風用单卯針西南風用单甲針或用单乙針十
更船至赤坎嶼
赤坎嶼北邊過船南風用单卯及甲寅針西南風用
艮寅針東南風用甲卯針十五更船至古米山
古米山北邊過船有礁宜知巽避南風用单卯針及
甲寅針五更船至馬齒山
馬齒山南風用甲卯或甲寅針五更船至大琉球

大琉球那霸港泊船土官把守港口船至此用单卯及甲寅針行二更進那霸内港以入琉球國中

那霸港外開船用单子針四更船取離倚嶼外過船南風用单癸針三更船取熱壁山以行

熱壁山南風用单癸針四更船取硫黄山

硫黄山南風用丑癸針五更船取田嘉山又南風用丑癸針三更半船取夢加剌山南風用单癸針及丑癸針三更船取大羅山

大羅山用单癸針二更半船取萬者通七島山西邊過船

萬者通七島山用单寅針五更船取野顧七山島内名㕘兵之玅是麻山䴈野顧山用巽寅針二更半船但尔山用艮寅針四更船取亞甫山一云野顧山對面行六十里有小礁四五箇最宜畏避在北邊過船用艮寅方行一百五十里至巳午山用艮寅方行二百四十里至亞甫山

亞甫山平港口其水望東流甚急離此山用艮寅針十更船取亞慈理美妙若不見此山用单艮針二更船又艮寅針五更船取船灣奴一云沿渡奴烏佳眉山沿渡奴烏佳眉山用单癸針三更船若船開時用单子針一更船至而是麻山

而是麻山南邊有沉礁名套礁一云名佐沉長礁東北邊過船用单丑針一更船是正路却用单子針四更船取大門山中

大門山傍西邊門過船用单丑針三更船取兵禆山港

兵禆港循本港直入日本國都籌海重編

附屬國紀略

中國之事宜備矣然朝鮮琉球爲我屬國近俱被倭侵掠忘其疆域山川道途遠近以備考焉

朝鮮考

朝鮮周所封箕子國也秦屬遼東外徼漢皆郡縣晉

始自爲聲教云其國東西南三面濱海北鄰女直西北至鴨綠江東西相距二千里南北四千里分八道統郡府州縣其俗柔謹知文字喜讀書崇釋尚鬼而惡殺戴折風巾服大袖衫男女相悅爲婚死三年始葬飲食用俎豆官吏閑威儀居皆茅茨衣多麻苧有朴儉遺風以田制俸以秔釀酒法無苛條刑不慘毒鎭國者九都神嵩北岳其名山也海鴨綠江其大川也金銀鐵水晶鹽紬苧布白硾紙狼尾筆果下馬長尾雞貂豽海豹𧉧蛸榛松人參其物産也洪武二年王遣使表賀卽位賜金印誥命文綺大統曆冊爲高

麗王十年以其貢使煩數諭遼東守臣謝絶之遂定三年一貢著爲令由是如期遣貢不數不踈二十四年其相李仁人子成桂篡立請更國號曰朝鮮永樂元年復賜冕服九章圭玉佩玉宣德初賜五經四書性理大全諸書正統間賜遠遊翼善等冠絳紗袍龍衮玉帶等服以高麗去神京不遠人知經史文物禮樂略似中國非他比故列聖寵優如此嘉靖入繼大統遣使朝貢三十六年王請改正大明會典所載成桂篡逆事詔從之萬曆初遣使告卽位隨齎朝賀至今貢獻不絶道由遼東山海關入二十年爲倭酋關

白所據王越在西海讀定中麃丘之詩重有感夫
高麗本扶餘别種其王高璉居平壤城唐征高麗拔
平壤五代時王建代高氏闢地都松岳以平壤爲西
京廣輿記
朝鮮乃漢眞蕃臨屯樂浪玄菟四郡地隋唐時竭天
下之力以爭之而不得其稱藩于我國家垂二百
餘載奉正朔通朝貢罔敢諄謾獨最于諸夷且其形
勢綿亘渤海中南北四千里而遥屏蔽海氛擁衛
畿甸是天設之險以貽東南磐石之安其要害可知
也邇年倭奴煽禍播遷其國王蹂躪其民人至勤王

師越境征討守藩籬實所以固堂奧勿謂朝鮮爲可弃也 述王鳴鶴說

高麗之學始於箕子日本之學始於徐福安南之學始於漢立郡縣而置刺史其中國之文學被焉後至五代末節度使吳昌文方盛自中國流行外夷數千年閒其文皆不免於夷狄之風窘竭鄙陋不足以續聖教者葢其聲音不同其竒妙幽玄之理非筆舌之可傳故不相合 劉氏鴻書

八道

中曰京畿東曰江原本濊貊之地西曰黄海古朝鮮

馬韓舊地南曰全羅本卞韓之地東南曰慶尚乃辰韓之地西南曰忠清皆古馬韓之域東北曰咸鏡本高句麗之地西北曰平安本朝鮮故地分統郡府州縣

京畿道

郡三　楊根　豐德　水原

府三　漢城　開城　長端

州七　楊州　廣州　潤州　驪州　果州　谷州　坡州

縣三　交河　三登　土山

江原道

郡七 忻城 平海 通川 寧越 松岳 旌善 高城

府五 江陵 淮陽 三陟 襄陽 鐵原

州四 原州 江州 槐州 溟州

縣十 平康 安昌 烈山 麒麟 酒泉 丹城 蹄麟 蔚珍 瑞和 歙谷

黃海道

郡三 遂安 延安 平郙

府三 平山 瑞興 承天

州六 黃州 白州 海州 愛州 仁州 鳳州

縣八 安岳 三和 龍岡 咸從 江西 牛峰 文化 長淵

全羅道

郡三　靈岩　古阜　珍島

府二　全州　南原

州四　羅州　濟州　光州　昻州

縣二十三　萬頃　茂長　鎮安　扶安　全渠
康津　興德　黃成　樂安　昌平
濟南　會寧　大江　臨波　古阜
南陽　富順　扶寧　麻仁　緒城
海南　神云　移安

慶尚道

郡七　蔚山　咸陽　熊川　陜川　永川
梁山　清道

府六　金海　善山　寧海　密陽　安東
昌原

州五　慶州　泗州　尚州　晉州　蔚州

縣十二　東萊　清河　義城　義興　聞慶
巨濟　昌寧　三嘉　安陰　山陰
高靈　守城

忠清道

郡四　清風　溫陽　天安　林川

州九　忠州　衿州　興州　清州　清州
禮州　公州　幸州　洪州

縣七　永春　扶餘　保寧　報恩　石城
連山　燕岐

咸鏡道

郡三　端川　蜀莫　寧遠

府五　咸興　永興　鏡城　安邊　會寧

州八　延州　德州　開州　惠州　蘇州
合州　燕州　隨州

縣一　利城

平安道

郡十一　嘉山　价川　郭山　雲興　熙川
宣川　江東　慈山　龍川　順川
博川

府九　平壤　見仁　成川　寧邊　定遠
江界　昌城　合蘭　廣利

州十六　安州　靈州　青州　定州　朔州
昇州　平州　撫州　常州　義州
宿州　銀州　鋼州　渭州　鐵州
買州

縣六　孟山　德川　陽德　江東　中和
泰川　已上俱籌海重編

天朝至朝鮮東界地里

山海關起

山海關至中前所三十里

中前所至前屯衛四十里

前屯衛至高嶺站五十里

高嶺站至中後所六十里

中後所至小沙河六十里

小沙河至寧遠六十里

寧遠至荅山六十里

荅山至杏山六十里

杏山至大淋河六十里

大淋河至小淋河六十里

小淋河至十三站六十里
十三站至閭陽驛六十里
閭陽驛至廣寧四十里
廣寧驛至盤山驛五十里
盤山驛至高平三十里
高平至沙嶺五十里
沙嶺至牛庄六十里
牛庄至海州四十里
海州至安山六十里
安山至遼陽六十里

遼陽至水田站九十里
水田站至連山關三十里
連山關至通遠堡六十里
通遠堡至雪里站六十里
雪里站至鳳凰城四十里
鳳凰城至湯站六十里
湯站至九連城二十里
九連城至義州四十里此後俱朝鮮地方
義州至所川三十五里
所川至良策四十三里

良策至車輋三十里
車輋至林畔四十五里
林畔至雲興四十五里
雲興至新安三十五里
新安至加平六十五里
加平至安興五十里
安興至肅寧六十三里
肅寧至安定六十里
安定至平壤五十六里
平壤至生陽五十五里

生陽至黃州六十里
黃州至鳳山五十五里
鳳山至劒水三十里
劒水至龍泉四十五里
龍泉至安城三十里
安城至寶山四十里
寶山至金岩二十里
金岩至興義三十里
興義至金郊三十里
金郊至狻猊三十里

猨猊至開城三十里
開城至東坡嶺五十五里
東坡嶺至馬山三十里
馬山至碧蹄四十五里
碧蹄至迎曙三十里
迎曙至王京二十里
王京至良才二十五里
良才至藥生三十里
藥生至龍仁縣三十三里
龍仁至陽智三十五里

陽智至佐贊驛二十五里
佐贊至祀山四十里
祀山至無極驛四十里
無極至用安驛四十里
用安至忠州丹月驛四十里
丹月驛至延豐安保驛四十里
安保驛至聞慶縣四十里
聞慶至咸昌縣四十里
咸昌縣至尚州二十九里
尚州至善山都護府四十里

善山至仁同縣三十五里
仁同縣至昌州八莒縣三十里
昌州地八莒縣至大丘府三十里
大丘府至清道郡三十里
清道郡至榆川四十三里
榆川至密陽府三十里
密陽至黄山驛三十里
黄山至梁山五十里
梁山至蘇山十里
蘇山至東萊府三十里

東萊府至釜山浦二十里
釜山渡洛東江越海抵對馬島即日本國地
方
王京起由西路至南原府程途
王京至良才三十里
良才至蘂生三十里
蘂生至龍仁二十五里
龍仁至鎮威五十里
鎮威至稷山五十里
稷山至天安三十里

天安至車嶺四十里
車嶺至廣亭三十里
廣亭至公州四十里
公州至尼山五十里
尼山至恩津三十里
恩津至礪山三十里
礪山至參禮四十里
參禮至全州三十五里
全州至英元五十里
英元至仁實三十里

仁實至熬樹三十里
熬樹至南原府三十五里
王京起由東路至南原府程途
王京至良才二十五里
良才至藥生三十里
藥生至龍仁二十三里
龍仁至陽智三十五里
陽智至佐贊二十五里
佐贊至竹山四十里
竹山至無極四十里

無極至用安四十里
用安至忠州四十里
忠州至延豐四十里
延豐至聞慶四十里
聞慶至幽谷四十里
幽谷至咸昌四十里
咸昌至尚州二十九里
尚州至金山七十里
金山至知禮四十里
知禮至新倉七十里

新倉至居昌三十里

居昌至山陰九十里

山陰至咸陽三十里

咸陽至雲峰三十里

雲峰至南原府三十里

琉球考 琉球在泉州之東海島中

國王有三曰中山王曰山南王曰山北王漢唐宋不通中國 國朝洪武初三王皆遣使朝貢自後中山王來朝許王子及陪臣子來游太學其風俗去髭鬚黥手羽冠毛衣好剽掠殺人祭神無賦斂不知節朔

䏿草榮枯計歲王所居壁下多聚髑髏以爲佳廣輿記
其山曰高華嶼隋遣武賁將陳稜率兵過此掠男女數百人而還曰黿鼊嶼國西曰彭湖島國西近福興漳泉四郡界天氣晴明望之若霧其川曰落漈水至彭湖漸低漁船多漂不回其進貢二年一期毎船百人無許過百五十人其來貢由福建以達于　京師皇輿考

　福州往大琉球針

東沙開船用单辰十更取雞籠山北邊過見梅花瓶嶼并棉花嶼彭家山乙卯并单卯十更取釣魚嶼北邊過前面是黃麻嶼单卯四更取黃尾嶼北邊過甲寅一更取赤尾嶼乙卯六更取姑美山北邊過仔細

用单卯取馬奇山北邊過甲卯并甲寅收入琉球港

回針

出港用单申放洋辛酉一更半見姑美山并麻山用辛酉四更辛戌十二更乾戌四更单辛戌五更辛酉十六更見南紀山坤未三更取台山水二十托西邊過取有横礁出水用丁未三更取黑麻桑山单辛三更取官塘山入千戸所五虎門

海防纂要卷之六

海防纂要卷之三

黎陽王在晉明初甫纂

皇圖一統說

恭惟　聖祖電掃胡塵龍御寰宇薄海內外罔不賓服一統之盛從古所未有也謹按海圖自欽州龍門港抵南澳爲廣東界延袤計五千里自南澳抵烽火鎮下門抵金山許山爲浙江界延袤計二千七百里自金山衞抵東海所爲南直隸界延袤計一千八百里自東海抵鹽山場爲山東界延袤計二千里自鹽場抵山海關爲北直隸界延袤計五百里自山海抵

鴨綠江爲遼東界延袤計一千三百里葢北接朝鮮南連交趾共一萬五千餘里焉猗與盛哉若山川之要害官兵之屯戍星列棋布一展卷盡在目中矣覩河洛而思禹功者其亦有乘長風破萬里浪之志乎

籌海重編

華夷沿海經略序

歲在赤奮余受　上命建節青兖之墟不佞過計畿封密邇江淮外控遼海內環駹有駭獸徵輸爲難爰飭將吏訪先臣湯信國之故智與吾所成海圖出而商度品處焉校武海濆軍容與蜃市相映亦庶乎旌

旗改色也亡何蜚語至京師而朝鮮且告急矣二三
巨公不以流言罪余而許余之識先一飯也力請於
朝　聖天子特勑臣宋應昌經略四鎮云昌拜命更
退而思曰審知地圖管子以爲王兵要務譬之奕張
置不疏遠而斤斤守邊隅吾知不能勝偶矣彼倭奴
者舍吳楚沃壤偏兇威於麗國豈眞左計失當哉狡
算得無以我　明甸服幽燕北虜繞右脅而撫其背
吾將盤左腹而扼其吭也不爾則　世宗朝犯江南
獲子玉女帛何限胡今規規侵吾荒服也哉上兵伐
謀攻心爲急存亡振旅萬世稱義焉爲今之計彼將

卒方驕惰巢穴未固我集士馬風掃霆轟何難爲彼
奴司命謬議適符廟算於是誓師渡江按圖據險伏
奇轉餉焚彼囷倉分兵深入寧非審知地利之明驗
也乎昌不佞入關繪圖爲說進之　主上或萬幾之
暇可覽而知也圖由遼以迄閩廣萬有四千里信
國之規畫眞如綦置犬牙盤錯遵海之濱島列門戶
大抵貴截之外洋不止株守内地巳也安東而南不
在節制内安東而北散見條置諸疏兹說姑陳其槩
倭船由薩摩州開洋歷五島越琉球而南犯過南沙
入大江則瓜儀常鎮矣洋山而北則太倉矣洋山而

南則臨觀錢塘矣過韭山海閘門而犯溫州也循舟山之南而犯定海也象山也昌國也台州也正南則廣東也稍西則福建也由大洋而西北入犯則淮揚登萊矣正北入犯則天津遼陽矣惟風所使倭聽命於帆而不能自命也昔人以彼寇江南爲便寇江北爲弗便此正從五島一路籌之耳今時則不然審輿圖諳海勢矣洋愈大則水波愈惡島之寬隘不等或不能多藏舟以故大犯江南非倭之利也由對馬島入釜山以寇朝鮮則晨發夕至跂足可望焉朝鮮介居海中自遼海旅順山勢直趨東南如人吐舌然南

北長四千里窮島之盡爲千里者幾五濟州島與吾狼山海門相對障絕日本不得直渡東保薊遼者麗國之力也東西廣可二千餘里全羅慶尚則又彼國之門戶也日本欲犯吾四鎮必轉全羅地角候風反而行即放舟入大洋不能借風倒入也壯哉天險外護神京金湯之固不至此矣若全慶失守是亡朝鮮已亡朝鮮陸路可犯遼然不足慮遼地平夷騎兵可騁清野蹂之且立盡矣況仰攻山海關尤非易易水路則洛東漢水臨津晴川大定大同鴨綠諸江分舟四出撓吾四鎮沿海島寨兵力何以處分此余所以

亟請累疏欲暫戍全慶以俟麗兵之强者孰此之故也披圖而玩海以內海以外如觀掌中物不待深惟力索可逆覩要領矣又何俟弓之喋喋耶平倭復國編

日本考

日本即古倭奴國其地在中國之正東偏北東西南北各數千里西南皆至海東北隔以大山國王以王爲姓歷世不易文武僚吏皆世官其地有五畿七道以州統郡附庸國凡百餘自北岸去拘邪韓國七千里曰對海國又南渡一海千餘里曰瀚海國又渡一海千餘里曰不處國東南陸行五百里曰尹都國又

東南百里狗奴國又東百里曰不彌國又南水行二十日曰投馬國又南水行十日陸行一月曰邪馬一國其次曰斯馬國曰巳百支國曰尹邪國曰郡支國曰彌奴國曰好古都國曰不呼國曰姐奴國曰對蘇國曰蘇奴國曰呼邑國曰華奴蘇奴國曰鬼國曰爲吾國曰鬼奴國曰邪馬國曰躬臣國曰巴利國曰支惟國曰烏奴國皆倭王境界所盡其國小者百里大不過五百里戸少者千餘多不過一二萬風俗黥面文身被髮跣足不娶同姓初喪戒酒肉信巫好戲重儒書尚佛法交易用銅錢錢名乾文大寶其人嗜酒

輕生好殺性貪譎以劫掠爲生兵刃極犀利裸身赴鬭慣舞雙刀輕儇跳躍能以寡敵衆至劫營設伏華人輒墮其術其飲食常用磁器漆器尊敬處用土器有筋匙男披髮而束之人佩短刀婦人拔其眉黛其額髮垂肩而續之以髢長曳地男女冶容者黑其齒會時蹲踞爲禮遇尊長脫鞋履而過人喜啜茶富貴家用茶末會徒習佛經者知漢字男女服染青質白文男衣過膝而止衣裙襦横幅結束相連不施縫綴女人衣如单被穿其中以貫頭其王至隋時始製冠以錦綵爲之飾以金玉 廣輿記

日本在溟渤之東其地形類琵琶東西數千里南北數百里九州居西爲首陸㟧居東爲尾山城居中乃國之都也山城以東地方廣邈雖倭奴遠服賈者不能閱歷而知況華人乎然其島之數可孜而其間廣狹至到有不能著者今姑據所聞而述之山城之南爲和泉又南爲沙界沙界之東南爲紀伊紀伊之西爲伊萂（此三河也）山城之西爲丹渡左爲攝津西爲攝摩右爲因幡又西爲伯着（俱懸海三十里）西南爲筑後爲大隅又西爲薩摩爲阿陂爲五島（中有澳可泊）北爲多岐爲對馬島其西北至高麗也必由對馬島開洋順風僅一

日二日南至琉球也必由薩摩州開洋順風七日其
貢使之來必由博多開洋歷五島而入中國以造舟
水手俱在博多故也貢船回則徑收長門抽分司官
在焉故也若其入寇則隨風所之東北風猛則由薩
摩或五島至大小琉球而仍視風之變遷北多則犯
廣東多則犯福建彭湖島分舶或之泉州等處或之
梅花所長樂縣等處若正東風猛則必由五島歷天
堂官渡水而視風之變遷東北多則至烏沙門分艅
或過韭山海閘門而犯溫州或由舟山之南而犯定
海經大猫洋入金塘蛟門則犯象山奉化由東西而

入湖頭則犯昌國入石浦關則犯台州入桃渚海門
松門諸港正東風多則至李西嶴壁下陳錢分艅或
由洋山之南而犯臨觀犯錢塘或由洋山之北而犯
青村南滙犯太倉或過南沙而入大江過茶山入瞭
角觜犯瓜儀常鎮等若在大洋而風欻東南也則犯
淮揚登萊過步州洋亂沙入鹽城口則犯淮安入廟
灣港則犯揚州再越而北則犯登萊若在五島開洋
而南風方猛則趨遼陽趨天津大抵倭船之來恒在
清明之後前乎此風候不常難準定清明後方多東
北風且積久不變過五月風自南來不利於行矣重

陽後風亦有東北者過十月風自西北來亦非所利故防海者以三四五月爲大汛九十月爲小汛其停橈之處焚劫之權雖曰在倭而其帆檣所向一視乎風實有天意有備者率勝前此入寇者多薩摩肥後長門三州之人其次則大隅筑後博多日向攝摩津州伊紀等島而豐前豐後和泉之人亦間有之皆因商於薩摩而附行者蓋日本之民有貧有富有淑有慝富而淑者或附貢船或因商船而來其在寇船率皆貧而惡者且山城君號令久不行於諸島而山口豐後出雲又各專一軍如中國總督府之義相吞噬

今惟豐後强頗併肥前等六島而有之山口出雲俱以貪滅亡倭蓋無常尊定主矣山城君倭王別號也

文獻通考

日本各部州郡考

畿内部州五

山城　太河　河内　和泉　攝津

右統五十三郡

畿外郡道七

東海道州十四

伊賀　伊勢　志摩　尾張

三河　遠江　駿河　伊豆

甲裴　相摩　武藏　安房

上總　常陸

右統一百一十六郡

西海道九州 筑前 筑後 豐前 豐後 肥前 肥後 日向 大隅 薩摩

右統九十三郡

南海道六州 紀伊 炎路 阿波 伊豫 土佐 讃者

右統四十八郡

北陸道七州 若佐 越前 越中 越後 加賀 能登 佐渡

右統三十郡

東山道八州 近江 美濃 飛彈 信濃 上野 下野 陸奥 出羽

右統一百一十二郡

山海道八州攝摩　美作　備前　備中　備後　安藝　周防　長門

右統六十九郡

山陰道八州丹渡　丹後　但馬　因幡　伯耆　出雲　石見　隱岐

右統五十二郡

海曲部島二

伊岐　對馬　多藝

右各統二郡

驛　凡四百一十四

戶　可七萬餘

課　約八十八萬三千三百二十九籌海圖編

前代朝貢考

自漢武帝滅朝鮮使驛始通于漢三十餘國至光武中元二年使人自稱大夫奉貢朝賀賜以印綬安帝永初元年倭國王師升等獻生口百六十人願請見是後倭韓俱屬帶方郡也魏景初二年旣平公孫氏倭女王遣大夫難升米等詣郡求請天子朝獻太守送諸都乃以金印紫綬封爲親魏倭王難升米等並拜中郎校尉假銀印青綬勞賜優渥平始八年倭女王卑弥呼與狗奴國男王弥弓乎素不合遣使詣郡說相攻伐狀遣塞晉椽史張政等齎詔告諭之卑弥

呼死宗女臺與嗣遣使送張政還因獻男女生口貢
白珠異文雜錦晉武帝安帝文帝時俱遣使入貢至
隋開皇二十年遣使詣闕求法華經大業三年遣朝
貢使者曰聞海西菩薩天子重興佛法故遣朝拜兼
沙門數十人來學佛法國書曰日出處天子致書曰
日沒處天子無恙云云帝覽不悅明年遣文林郎裴
世清使倭國其王遣小德何大禮哥多毘從二百騎
郊勞設儀仗鼓樂迎至彼都其王與世清來貢方物
此後遂絕至唐太宗貞觀五年遣使入朝帝矜其遠
詔有司無拘歲貢遣新州刺史高仁表往諭與王爭

禮不平詔不宣而返久之更附新羅使者上書永徽四年其王孝德卽位遣律師道照求佛法獻琥珀碼碯時新羅爲高麗所㬥高宗賜璽書令出兵援顯慶三年天豐財遣僧智通輩求大乘法相教越明年天智遣使者偕蝦蛦人朝咸亨元年持總遣使賀平高麗長安元年文武遣朝臣真人粟田貢方物求書籍武后宴之麟德殿授司膳卿還之開元四年聖武復遣粟田輩請授諸儒授經詔四門助教趙玄默卽鴻臚寺爲師獻大幅巾爲贄悉賞物貿書以歸其副朝臣仲滿慕華不肯去易姓名曰朝衡歷左補闕久乃

還後建中元和光啓等年常貢不絕宋雍熈元年守
平遣僧奝然與其徒五人獻銅器十餘事并日奉職
員年代紀一卷上召見存撫甚厚賜紫衣給鄭氏註
孝經一卷記室条軍任希古撰越王孝經新義一卷
印本大藏經一部越明年附台州寧海縣商船歸後
數年遣弟子奉表謝又別啓貢佛經并方物咸平五
年建州海賈周世昌遭風飄至日本七年還與其國
人滕木吉至上召見之以國詩獻其詞雕刻膚淺無
取賜裝錢遣歸景德八年僧寂照等八人來朝詔號
圓通太師賜紫方袍天聖四年明州言日本國太宰

府遣人貢方物而不持本國表詔却之是後不通朝
貢南賈傳其貨物至中國熙寧五年僧誠尋至天台
止國清寺願留州以聞詔使赴闕獻銀香爐木槵子
白硫磺等物神宗以其遠人而有戒心處之開寶寺
併賜僧伴紫方袍元豐年明州又言得其國太宰府
牒因使人孫忠等還遣僧仲回貢色段二百疋水銀
五千兩州以孫忠乃泛海商人且貢物與諸國異請
自移牒報而答其物直付仲回東歸從之乾道五年
附明年綱首貢方物淳熙三年其國人泛海遭風飄
至明州無口食詔給之又有百人行乞于市至臨安

詔守臣支給津遣明州養贍候有便船發回十年七十三人飄至秀州華亭紹熙元年飄至泰州詔見行貨物免抽買舟悉與給還仍給常平賑恤慶元六年至平江嘉定二年至定海詔並支給錢米養贍候風便津發宋自中葉歷久無貢元世祖遣使招諭之不從乃命范文虎率兵十萬征之至五龍山暴風破舟敗績終元之世使竟不至登壇必究

本朝備倭通貢考

皇明洪武二年倭寇山東並海郡縣又寇淮安三年寇山東轉掠浙東福建旁海諸郡是年遣萊州府

同知趙秩賜璽書諭其王良懷言倭寇海上書至月如臣我奉表來庭不臣則脩兵自固秩至諭王中國聖主威德責其入貢王曰吾國未嘗不慕　中國顧蒙古戎狄蒞華以小國視我乃使趙良弼詠我好語初不知其覘我國也既而發舟數千襲我比至一時風霆漂覆幾無遺類自是不與通者數十年爾得非良弼後乎將刃之秩徐曰　聖天子生華帝華非蒙古比我亦非良弼後爾殺我禍不旋踵王氣沮禮秩具物遣僧隨秩奉表稱臣入貢使未至又掠溫州

五年　上諭劉基曰東夷尚禪教姑遣明州天寧僧

祖闡南京尨官僧無逸開諭之良懷欲留二僧力辭
王遣使同二僧入貢是年寇海鹽澉浦溫州初令浙
江福建造海舟防倭而倭又寇福建海上諸郡　六
年以於顯爲總兵官出海巡倭倭寇登萊　七年寇
膠州是年遣僧來貢無表文却之其臣亦遣僧貢馬
茶布刀扇　上曰此私交也亦不受令中書省移文
責王　九年遣僧歸延用等奉表貢馬及方物謝罪
賜王及使文綺有差已而　上覽表曰良懷不誠
詔責之　十二年求貢無表文安置使人於陝西番
寺　十三年遣使　詔諭良懷遣僧如瑤貢馬令禮

部移書責王數掠我海上復却之諸僧皆安置川陝佛寺　十四年遣僧入貢乞還安置諸僧使　上曰日本既謝罪還其使召至京宴賞遣歸　十五年歸廷用又來貢於是有林賢之獄曰故丞相胡惟庸通日本蓋　祖訓所謂日本雖朝實詐暗通奸臣胡惟庸謀爲不軌故絶之也是時惟庸死且三年矣　十六年寇金鄉平陽　十七年如瑶又來貢坐通惟庸發雲南守禦是年信國公和致仕居鳳陽　上召至京諭曰日本小夷屢擾東海上卿雖老强爲朕行規要地築城防此賊信國公築登萊至浙沿海五十九

城民丁四調一爲戍兵　二十年置浙東西防倭衛所是年遣江夏侯周德興築福建海上十六城設衛所遂垜福建漳泉人爲兵戍並海衛所　二十六年寇金鄉　二十七年二月遣都督僉事劉德商暠巡視兩浙防倭八月又　勅都督楊文尋又　勅魏國公徐輝祖安陸侯吳傑練兵海上防倭　二十八年寇金州靖難後太監鄭和等率舟師三萬下西洋日本遣人來貢并擒獻犯邊賊二十餘人卽付使人治之縛置甑中蒸死　永樂二年使還遣通政趙居任賜王冠服文綺金銀古器書畫又給付勘合百道

合十年一貢每貢正副使等毋過二百人若貢非期
人船踰數夾帶刀鎗並以寇論居任還不受王餽
上喜厚賜之尋　命僉都御史俞士吉　賜王印誥
勑封爲日本國王　詔名其國之鎮山曰壽安鎮國
山　上爲文勒石久之嗣王道義卒子源道義嗣益
奸狡時時令各島人掠我海上　九年寇盤石　十
五年寇松門金鄉平陽是年遣禮部員外郎呂淵諭
王還所掠海上人　十六年遣使謝罪當是時數入
金蓋都督劉榮總兵守遼東繕海上堠堡伏兵伺之
十七年倭船入王家山島傳烽沓至榮率精兵疾

馳入望海堝賊數千人分乘二十舟直抵馬雄島進
圍望海堝入櫻桃匯榮合兵圍而攻之斬首七百四
十二捕生倭八百五十七召榮至京封廣寧伯自是
不敢窺遼東　二十年寇象山初方國珍據溫台處
張士誠據寧紹杭嘉蘇通泰諸郡皆在海上方張旣
降滅諸賊強豪者悉航海糾島倭入寇以故洪武中
倭數掠海上　高皇既遣使命將築城增戍又命
南雍侯趙庸招蜑戶島人漁丁賈豎蓋自淮浙至閩
廣幾萬人盡籍爲兵分十千戶所於是海上惡少皆
得衣食於縣官洪武末年海中方張諸逋賊壯者老

老者死以故旁海郡縣稍得休息永樂初西洋之役雖伸威海表而華人習知遠夷金寶之饒夷人來貢亦知我海道奸闌出入華夷相糾以故寇盜復起非廣寧之捷禍未已也　宣德元年遣人來貢人船刀鎗不奉我約束　上諭使臣自後貢毋過三百刀鎗毋過三千否不受　七年遣人來貢如約束受之八年源道義卒　命太監雷春少卿潘賜等弔祭十年嗣王遣使貢謝倭自得我勘合方物戎器滿載而來遇官兵矯云入貢貢即不如期守臣幸無事輒請俯順夷情主客者爲畫可條奏即復許貢云不爲

例嗣後再至亦復如之我無備卽肆出殺掠滿載而
歸宣德末年海防益備賊不得間貢稍如約遂許夷
至京師宴賞市易飽饜其欲已而備禦漸疎　正統
四年寇大嵩入桃渚官庾民舍焚刦一空驅掠少壯
發掘塚墓束嬰孩竿桂上沃之沸湯視其啼號拍手
笑樂捕得孕婦忖度男女刳視中否爲勝負飲酒荒
淫穢惡至有不可言者積骸如陵流血成川城野蕭
條過者隕涕於是　朝廷下詔備倭　命重師守要
地增城堡謹斥堠修戰艦合兵分番屯駐海上寇盜
稍息　七年來貢　十一年寇海寧乍浦　成化初

忽至寧波知我有備矯稱進貢守臣爲請於朝且欲
遣之至京楊文懿公守陳貽書張主客力言其不可
許　二十年遣周璿等來貢　弘治八年壽蓂來貢
正德六年宋素卿源永壽來貢求祀孔子儀注不
許鄞人朱澄告言素卿本澄從子叛附夷人守臣以
聞主客以素卿正使釋之令諭王勠順無侵邊　八
年僧桂梧等來貢　嘉靖元年王源義植無道國人
不服諸道爭貢大内藝興遣僧宗設細川高遣僧瑞
佐及素卿先後至寧波故事凡番貢至者閱貨宴席
並以先後爲序時瑞佐後至素卿奸狡通市舶太監

饋寶賄萬計太監令先閱瑞佐貨宴又令坐宗設上
宗設席間與瑞佐忿争相讐殺太監又以素卿故陰
助佐授之兵器殺總督備倭都指揮劉錦大掠寧波
旁海鄉鎮素卿坐叛論死宗設瑞佐皆釋還給事中
夏言上言禍起於市舶禮部遂請罷市舶而不知所
當罷者市舶太監非市舶也夷中百貨皆中國不可
缺者夷必欲售中國必欲得之以故　祖訓雖絶日
本而三市舶司不廢市舶初設在太倉黄渡尋以近
京師改設於福建浙江廣東七年罷未幾復設蓋東
夷有馬市西夷有茶市江南海夷有市舶所以通華

夷之情遷有無之貨收徵稅之利減戍守之費又以
禁海賈抑奸商使利權在上罷市舶而利孔在下奸
豪外交内訌海上無寧日矣番貨至輙賒奸商久之
奸商欺負多者萬金少不下千金轉展不肯償乃投
貴官家久之貴官家又欺負不肯償貪戾甚於奸商
番人泊近島遣人坐索久竟不肯償番人乏食出没
海上爲盗貴官家欲其亟去輙以危言撼官府云番
人據近島殺掠人奈何不出一兵備倭當是時及官
府出兵輙齎糧啗番人利他日貨至且復賒我如是
者久之番人大恨諸貴官家言我貨本倭王物爾價

不償我何以復倭王不掠爾金寶殺爾倭王必殺我盤據海洋不肯去近年寵賂公行上下相蒙官邪政亂小民迫於貪酷苦於徭賦困於饑寒相率入海從之兇徒逸囚罷吏黠僧及衣冠失職書生不得志羣不逞者皆爲之奸細爲之鄉道人情忿恨不可堪忍弱者圖飽煖旦夕强者奮臂欲洩其怒於是汪五峰徐碧溪毛海峰之徒皆我華人金冠龍袍稱王海島攻城掠邑劫庫縱囚遇文武官發憤砍殺即伏地叩頭乞餘生不聽而其妻子宗族田廬金穀公然焚劫莫敢誰何浙東大壞　二十五年以朱紈爲浙江巡

撫都御史兼領興福漳泉治兵捕賊紈清諒方勁任怨任勞嚴戢閩浙諸貴官家嘗言去外夷之盜易去中國之盜難去中國之盜易去中國衣冠之盜難上章鐫暴貴官通番二三渠魁於是聲勢相倚者大譁切齒詆誣惑亂視聽改紈爲巡視未幾言官論劾又遣言官卽訊甘心煆煉必欲殺紈憤悶卒紈所任福建有功海道副使柯喬都指揮盧鏜殺賊有功皆論死繫按察司獄於是華夷羣盜壓手肆起益無忌憚

三十一年寇黃岩掠定海浙東騷動遣都御史王忬巡視兩浙兼領漳泉興福四郡以都指揮俞大猷

湯克寬爲浙閩參將勦賊顧兵政久弛將士耗鈍水寨戰艦所在廢壞忬經略未幾羣賊踵至柵寨列港外約諸島內招亡命勢益猖獗　三十二年大猷冒險出洋焚蕩巢穴首賊逸去羣寇流散乘風奔突倏忽千里溫台寧紹杭嘉蘇松揚十郡竝受其害克寬統領部兵往來海壖護城捕賊斬獲亦多忬不肯隱敗冒功擒治奸豪破解支黨大猷克寬兩參將皆知勇可任徒以江南人素柔軟賊未登岸望風奔潰文武大吏未能以軍法繩下而有司往往以軍法脅持富人巧索横歛指一科百師行城守餉犒百物類多

乾沒十不給一廉謹之士又謂南人善謗低頭束手
不敢動一錢於是公私坐困戰守無策始釋柯喬起
盧鏜而賊船聯艅蔽海破昌國臨山霩衢乍浦青村
南滙吳松江諸衛所圍海鹽太倉嘉定入上海掠華
亭海寧平湖餘姚定海諸州縣焚劫殺戮汚辱慘於
正統時矣而通番奸豪又言忬大猷搗巢非計且搖
動忬薦鏜起爲閩叅將代克寬克寬以副總兵將屯
金山閩人故忌鏜劾鏜凶險不可用南京言官又復
薦鏜　三十三年遂犯江北海門如臯通州皆被殺
掠是時復用盧鏜爲叅將而以俞大猷爲浙直總兵

未幾工部侍郎趙文華以海賊猖獗請禱海神遂遣
文華行禱公私勞費不貲皆歸囊槖比忬改大同巡
撫徐州兵備李天寵代忬南兵部尚書張經提督浙
閩江南北軍務有王江涇之捷文華素忌經天寵遂
奏天寵逮詔獄論死西市而以浙江巡按胡宗憲代
天寵南戶部侍郎楊宜代經自後賊益熾縱橫出入
十六郡文華還朝未幾又出監督諸軍搜括官庫富
豪金寶書畫數百萬計交通蒙蔽以敗爲功以功爲
罪雖有沈莊梁莊之戰竟莫救荼毒之慘兩浙江淮
閩廣所在徵兵集餉提編均徭加派稅糧截留漕粟

扣除市舶請給鹺課迫脇富民釋脱凶惡濫授官職浪費無經其爲軍旅之用纔十之一征發漢土官兵川湖貴廣山東西湖南北靡不受害臨賊驅之不前賊退遣之不去散爲盜賊行者居者咸受其害於是外寇未寧而内憂益甚矣宗憲計擒賊首汪直浙西江東稍得安靖浙東溫台江北淮楊閩中嶺表尤被其毒已而俞大猷被中傷盧鏜代之賴朝廷　聖明大猷得不死江北巡撫李遂有廟灣之捷入南兵部爲侍郎唐順之代遂福建巡撫王詢數有功畏讒引疾去代者劉燾宗憲以擒直功陞右都御史加太子

太保敘子錦衣千戶先是文華陞工部尚書以論吏部尚書李默卽加太子太保又以征倭功加少保子廕錦衣千戶不數月文華削籍千戶謫戍楡林未幾宗憲亦被論逮獄識者寃之自壬子倭奴入黄岩迄今十年閩浙江南北廣東人皆從倭奴大抵賊中皆華人倭奴直十之一二久之奸頑者嗜利貧窶者避徭賦往往喜賊至而貪殘之吏又從而驅之封疆之臣輒請添官當事者不敢阻於是添設都御史三人總兵一人副總兵三人叅將十三人兵備副使十一人諸將校近百人田賦倍於常科徵徭溢於甲式自

壬子至戊午幾至滔天總督胡宗憲用計款賊幸而渠魁授首兇焰頓衰　癸亥年漳泉賊徒勾引生倭入寇仙遊等處巡撫譚綸調義烏兵由水路擊破之賊遂斂息至　萬曆丙申寇朝鮮本朝特設經略重臣及道府多官往援費至百萬至戊戌歲倭衆引還

經略朝鮮

萬曆二十一年平秀吉遣將平行長及淸正等率衆入寇朝鮮直抵王京朝鮮王遁走遣官告急于　朝遂命經略使往援王京壁蹄二戰互有勝負其衆退據釜山蓋屋耕田爲久駐計幸平秀吉于戊戌七月

病故賊衆撤回然中國調兵轉漕費至百萬而朝鮮亦殘破非故物矣已上俱續文獻通考

浙江道御史楊紹程等奏頃者東征師久無功經略宋應昌乃申明講貢始末徼功塞責該兵部覆議寢其通貢止以封號一節待關白具表至日轉奏臣等竊觀自古有天下者四夷賓服則有封有貢然皆畏威懷德願爲外藩而非輕許之者也倭奴素稱狡詐考之 太祖時屢却其貢慮至深遠永樂間雖或一朝貢漸不如約自是稔窺內地頻入寇掠至嘉靖晚年而東土受禍更慘豈非封貢之爲厲階耶昨歲倭

陷朝鮮　皇上睠然東顧命將出師特遣應昌經略其事蓋欲其聲罪致討非令其議封貢已也即今曠日持久不聞有斬馘之功而始終倡爲貢議僥倖目前以圖了事　皇上不允其請蓋明見萬里深欲杜釁防微之意不謂當事者忽易而爲請封之說夫倭奴鷙驁其不以空名受我約束一恒人能辨之知已加封稱爲屬國無論他日外藩諸國假朝鮮之例爲請何辭以拒即旦夕故爲恭謹奉表請封之後遣使稱謝恐終不能閉關絕之而　中國之釁滋啓矣故絕其封乃所以絕其貢縱使戎心未厭禍可言也

國家北有達虜邊患時時有之然所恃無虞者以不
忘戰備之故自款市後何嘗不曰封曰貢言之可聽
而在我之神氣日益不振識者恨不及起首事之人
以誤國之罪罪之今應昌襲款虜故智徒欲以封貢
徼功還 朝受賞臣等恐無功之賞受之赧顏而誤
國之罪抑將何以自解耶然臣等又有說焉 朝廷
封拜必正名定分而後錫之典刑今日之于倭不識
所封者何人將求倭王之遺裔而封之歟抑于關白
而封之也關白者弒其主篡其國正所謂亂臣賊子
天討之所必加者彼國之人未嘗不欲食其肉而寢

處其皮特劫于威而未敢動耳我　中國之禮儀典章統禦百蠻而顧令此篡逆之輩叨　天朝之名號非所以尊　中國而風外夷也臣以事係安危不容默默爲此披瀝上請伏乞　皇上深惟遠圖博采公論將許封一節從長計議俯從停寢仍　勑令朝鮮自爲固守我兵撤還境上以俟進止其宋應昌等候還　朝之日另議功罪庶足杜邊患而服人心臣等不勝隕越待　命之至

南京陝西道御史蕭如松奏近接邸報見遼東軍門趙燿塘報倭賊自四月十七日陸續起身盡過漢江

倭將行長仍羈沈遊擊王子陪臣伴送兩日方纔放回倭警妥平顧倭之罷兵也曾有乞貢之議與邊將來約一時臺省諸臣反覆論列其不可許之狀已經部覆奉有　明旨真與　祖訓所載嚴絕倭貢者前後同符無容再議但恐倭奴勒期甚迫經畧便宜行事或以許貢促其退兵亦有然者安知倭奴罷兵之後不以通貢爲請乎臣聞日本僻在海島兇狡異常先年假貢狂逞已有明驗獨賴　廟謨宏遠嚴絕貢釁以貽天下之安今關白以亡命之徒萌啓疆之念吞併諸島奄有朝鮮其欲竊犯中原者情形已畢露

矣況我大兵相持日久未見屈服而在我亦未能制其死命乎平壤之師彼雖受挫碧蹄之戰猶足相當乃一旦有乞貢罷兵之約豈眞悔禍朝鮮而盡還其竊據之土宇人民乎亦豈眞歸命 天朝而畏威慕義之恐後乎彼其統數十萬之衆越數千里之遠忽焉犯朝鮮則據王京奪平壤八道盡受荼毒其來何無禁也忽焉過漢江則覊遊擊王子陪臣伴送以自衛其去何無梗也其乞貢訂約之言一則曰來遲卽便交鋒以決輸贏一則曰少遲則關白提兵再至其言何無忌也以此推倭之罷兵豈遂晏然已哉彼情

固將以朝鮮自我奪之自我棄之棄之可復奪也任
意而縱橫乘機而竊發若探囊而啓篋無難也其欲
犯 中國而阻於進攻之路迫於芻餉之艱得無假
之通貢以緩我師而徐以肆其復逞之計乎有如倭
之奉表來也不察其狡而輕許之非惟頒之約束彼
必不守定之期限彼必不遵其來也以獻納爲名而
要厚賞索厚幣無以厭其非分之望其去也以狂逞
爲快而掠居民擾傳舍難以止其劫奪之謀甚至來
往 中國漫無禁忌覘我之動靜卜我之虛實熟我
地形之險易探我士馬之强弱窺我糧餉之盈縮誘

奸豪潛爲嚮導內通邪黨險僞之徒他日必有蹈徃轍而諜不軌者奈何移朝鮮之患爲東顧之憂樂款貢之名開疆場之釁哉如其乘虛而復爲朝鮮之犯瘡痍困憊將無噍類則畱兵將以固我藩籬者不可少也如乘不測而爲內地之犯乎登萊保薊關係匪輕則嚴加保障以固我　畿輔者不可疎也抑或分兵揚帆四散而爲搶掠之計乎則浙直閩廣之間倭艦在在可通防守宜慎則戒玩寇以儆蹤虞者不可緩也葢自有倭報以來凡沿海要害之地咸蒙
皇上留念增官選將餉益兵添所以戒嚴者罔不周

悉試申飭之未有不爲　朝廷效死者苟徒以倭之乞貢爲憑而不申嚴禦防之令則遠憂近患有不可勝言者矣

禮科右給事中張輔之奏今之憂西事者十九而憂倭患者十三憂東南之倭患者十九而憂東北之倭患者十三得無以賊虜難滅而倭夷易與耶又得無以東北近而東南遠耶不知倭奴兒狡數倍賊虜揚帆大海瞬息萬里則東南固易達矣自遼陽以至天津濱海諸處一時戒嚴而倪尚忠尹秉衡且相繼移鎮募兵矣亦庶幾有備無患矣唯是登萊二府與遼

陽相望據報倭船四百號可計十萬隻其或朝鮮府庫之財物不足以飽其欲彼必不肯安心于扁舟海島之間而肆其毒非犯遼陽則登萊耳第遼陽頗稱有備而登萊瀕海瘠薄擄掠鮮獲其勢必風便直趨淮揚矣乃淮揚沿海一帶一則起自東南瞭角嘴抵姚家灣綿延四百餘里其中通州狼山楊樹港裡河鎮掄東掄西等場掘港新閘港劉沙庄金沙場等處皆爲有害原有額設官兵而其最要者有三一新場爲其迫近揚州出入至易也一北海所從以通閘港且其中多鹽艘聚泊未必無奸人隱伏爲賊鄉導也

一廟灣其爲鎮巨而通大海港口也若於此三處各
設裨將一人守之而陸路更遣一將提兵往來策應
則東可以控狼山海門西可以捍蔽揚州留都重地
不可安枕而卧乎夫淮揚之海防既足以遏其入則
其勢必乘風便直趨蘇松而常鎮次之今按蘇松沿
海多港口若嘉定之吳淞太倉之劉河常熟之福山
港口凡賊船可入者原設水兵把總以堵截之而崇
明孤懸海中又賊所必經之處似宜特設參將以統
水兵又於其中添設水兵把總二員專住停箔營前
二沙往來會哨所以巡視江洋而警報港口也至於

松江則有海塘而無港口若上海之川沙南滙華亭之青村柘林往賊可窟穴者原設陸兵把總以守之而金山介於柘林乍浦之間尤爲浙直衝要業已設副總兵以統陸兵又於其中添設遊兵把總一員專任金山往來巡哨所以北衛金山而西援乍浦也水陸具舉內外互持蘇松無事而常鎮不可晏然耶夫蘇松四郡之海防既足以遏其入則其勢必乘風便直趨于浙矣浙之海防地方惟台溫寧紹四府其間如紹興之三江海門寧波之海外大英湖頭渡台州之青江海門楚門溫州之飛雲橫陽館皆寇所出入

之門而沿海之衛所如昌國如觀海如松門鱗次棊
列計其兵刃足以可支無庸添設蓋海邊之人勇敢
樂戰固其性然目今三屯南兵多出四府而溫台爲
尤多且省城羅木一營之兵無不可以一當十緩急
足恃第在各將領加意撫綏耳睢是舟山一帶寬腴
饒衍當全浙之衝不崇朝直底定海迺倭所必經之
地使其據之便可爲蘇松閩浙之巢穴備禦單弱何
以應之大約連舊額三千足矣然後遣一叅將等官
專屯于此以控陳錢馬蹟之險南以爲松門海門二
衛之聲援而觀海昌國二衛又陳兵互爲犄角使賊

進無所掠退無所處且日本國正與寧紹相對鬱鬱
失志人咸歸心乘惰擊之蔑不勝矣又安能舍此而
爲閩廣之害也哉凡此數者皆東海兵防而募兵積
餉尤爲喫緊非臣之私憂過計也若備戰具則火箭
以焚海舟輕車以阻衝突狼筅以禦長刀綿甲以當
鳥銃事制曲防昔固有之者而皆爲已試之規法曰
無恃其不來恃吾有以待之此預道勝也否則嘉靖
癸丑之禍可鑒矣
監察御史周孔教疏爲東封事壞庸臣誤　國伏望
皇上亟定　廟謨并賜議處以安社稷事臣聞古之

良將觀烏而知齊師之已遁聚米而料隗囂之可圖决機兩壘之間在見事萬里之外今正使已竄逃矣隨行已被殺矣沈惟敬已被縛矣倭變情形明如指掌此固不待借箸爲籌便當屈指能算乃石星執迷不悟奉楊方亨片紙爲蓍龜豈望倭奴之不變僥倖封事之萬一噫愚亦甚矣况臣細玩楊方亨之揭詞猶然騎墻亦無一定之論是豈撫按之章奏全不足憑必待倭寇臨城而後謂之變哉試觀今日事勢倭變乎倭不變乎封可言乎封不可言乎討不旋踵義難再辱况倭奴千變萬態日引月延宫室久已落成

禮儀豈難習熟煌煌金印賈用不售孑孑干旄節敝
旄落關白之機關盡露沈惟敬欲彌縫不能奈何尚
夢想封事苟且目前乎噫愚亦甚矣　陛下不聞近
日長安中詩乎詩曰貼肉暗藏蘇武節擡頭忙著祖
生鞭又曰還國好縫皮眼皁羞將面孔向人前蓋爲
李宗城而作也李宗城宵遁辱　命爲外國姍笑
陛下赫然震怒扭解究問　天威一懾中外增氣弟
出使重任也昔班超西指漢以重輕奈何當時兒戲
視之而以一豎子辱　命取輕外國如是是尚爲中
國有人乎方小西飛之來也儼然上賓一國鄭重公

則宴賞私則贈遺使狼子野心睥睨窺伺高步濶視旁若無人竟不　陛謝又爲陳三日之市飽其欲而去乃我堂堂　天使啣　命而往屈辱縲繫淹歷歲月楚囚南冠蕭然無聊生者鼠竄狼奔死者膏鍔橫草么麽小醜敢於無狀如此臣每念及不覺怒髮上指冠恨不滅此醜而朝食昔陳湯忿郅支殺漢使者義勇奮發卒斬郅支首雪邊吏之宿耻威鎮百蠻今以　天朝全盛之力何其畏倭如虎强之以必不受之封而貽　國家必難報之耻乎臣竊料今月倭情不封固變卽封亦變故皇皇議封者拙也急急議戰

者危也惟有議守爲今日第一喫緊勝筭何也臣聞議封之始業巳許之市矣夫封空名也市厚實也倭奴之所欲不在空名明甚吾靳其所欲而與之所不欲是啖嬰兒以石橐啼必不止也拙也氣奮倭奴者謂宜急徵兵調餉疾帆東指與倭奴爭一旦之命又非計也兵凶戰危事難預必脫少不如意蜂蟻猶聚假息旬時屯兵日費何啻萬金千里飛輓所濟幾何平壤之役遼民之死於轉輸者十家而九至今哭聲未絕即有粟如山必不能神輸鬼運到饑士之口一夫脫有菜色三軍無復鬭志事出萬一悔何可追臣

之所謂危也故今日惟有守朝鮮爲上策朝鮮吾之籓籬也朝鮮失則遼陽危遼陽危則　神京震或謂朝鮮當弃者謬也臣竊謂封可無成朝鮮必不可弃况朝鮮雖殘破尚餘精兵五萬及今就近亟選慣戰廉勇驍將精簡銳士電赴朝鮮合朝鮮之卒因朝鮮之糧胡越同舟頭手相救同心共濟并力死守此謂籓籬之守庶幾門庭之安是役也急在呼吸選將簡兵當以半月爲期過此則晚矣是以朝鮮與倭也敗著也惟是朝鮮弱不能扶我兵急不能救鞭長不及馬腹風末不舉鴻毛便當譬猶石田弃若雞肋扼喉

鴨綠之江負嵎虎踞深溝高壘添兵增戍固守不動使倭奴不敢窺左足而先登此之謂門庭之守庶幾堂奧之安中策也必不得已之計也最可憂者儻或長颷易扇巨浪難防門無結草之堅成彼破竹之勢虎狼入室所傷必多況兵連禍結役煩民愁奸雄乘之登高呼遠四合響應根本動搖關係不細故守遼陽爲下策謂之無策可也

薊遼總督邢玠奏經略事竣恭進禦倭圖說敬塵睿覽以備緩急事倭寇朝鮮患在震隣驅之海外固自長策然内地根本所係海道轉輸防禦所關而朝鮮

之地理與倭奴之情僞尤用兵者不可不知大兵在外糧餉爲急然其餉或取足于山東天津遼東在遼東隣近朝鮮陸路可通而山東天津則必由海洋之中非倚島傍岸則飄泊難收非迂廻旋遠則險阻莫達然又念此一海道也我可以去倭可以來知其去路則可以防其來路干係最重故另差官兵分投查勘按島計程中間或港口空濶可以泊船或水面平淺可以登岸或有暗石或有龍窩令其一一畫圖貼說由是運人知避險就夷在天津則自大沽海口出洋轉而西南由山東海豐青萊以達登州自登以達

旅順自旅順達朝鮮之義州彌串等處交卸路與山東同而兵屯全慶兩道去此尚二千里則又聽之朝鮮轉運仍覓其海道自彌串抵廣梁自廣梁抵華江華在王京之西接漢江之派一入京之東南可達忠清慶尚彼時狡倭水陸並進以窺王京故凡糧餉之運路與倭奴之入路支流分派旁溪曲徑咸得無缺而防禦亦頗知肯綮矣至于倭奴與朝鮮接壤虎勢梟張吾欲據險而守出奇而勝則朝鮮之道里不可不知諸酋狡詐百出莫可端倪吾欲向隙以倒當機而應則日本之情偽不可不審故各附其圖與說庶

一披覽之間知巳知彼戰守有據然倭奴非水兵不克而水兵非戰船莫施其功故大艦以備衝犁飛艇以備遠哨大小兼用勢不可缺而此番東征悉取調于閩廣浙直然閩廣如福滄等船大而堅海洋觸之者碎中國長技也然遠不可來惟浙直稍近故應調者惟有沙船唬船茶船四刻二刻等船且臣初征調時會令都司季金統茶船二十隻由淮揚海口出洋不二十日直達旅順故臣題令水兵悉由外洋計兩月之間可抵戰所或可收功旦夕乃將領憚于風濤之險曲禀其所司必欲由内河一由内河則鐵頭大

船率阻于閘内而又另覓商船以來兼之帶運糧餉所至遷延遲至年餘不到臨時與戰者不足萬衆其餘徒有虛名無裨實用臣至今有餘恨也而今亦不必言姑存船式幷述道路遠近遲速之由以爲後日禦倭者考驗鑒戒耳六海防備則根本無虞海運通則軍興有賴察朝鮮之險夷審倭奴之情形然後水陸夾攻以圖進取幸仗 天威震疊將士用命始收完局今海不揚波者已三年防與運似不必言矣但臣私憂過計切謂 中國防九邊之夷如日本久稱强悍乃與積弱不振之朝鮮爲隣且蓄忿含怨能保

始終之不逞萬一稍有舉動則若海防若海運若地里若倭情皆兵家所不可廢故查歷年故牒取舊日之已行已試者捘集成帙分爲門類恭進 聖覽并付之梓人以俟後日籌海者考焉然臣又有說焉山東天津尚有留防之兵以備不測至若遼左之鎮江城爲華夷分界旅順口爲津登咽喉倭不犯則已犯則首先被兵況全遼處處皆虜無山川之阻隔無墻垣之障蔽城堡空虛士馬凋疲殘虜之入已不能支又安能再分力以禦倭乎故先年各道雖摘派防虜之兵以防倭幸倭未及耳及則顧此失彼必無幸矣

故臣謂仍宜于鎮江城將見在遊擊一員添其兵足
二千之數爲陸營再設水兵遊擊一員旅順口有山
東設防水兵遊擊一員仍應再設陸兵遊擊一員兵
各以二千爲率其船隻則有水兵之遺與糧運之舊
者此中木料頗便一修改之亦可足用其器械則遼
陽貯有東師之留者一增置之亦不多費聽遼東撫
鎮與東協節制又寬奠願爲東路協守所當明白申
其職掌而責成之仍於薊遼選補知倭知虜久歷邊
方老成之將在此而標下當量添水兵一千步兵一
千有徼聽統領應援而寬奠加一守備專責戍守其

旅順水兵南與登萊往來會哨北與鎮江相援而陸
兵則彼此犄角相爲聲勢倭來則專力以禦不來則
貼兵以防虜朝鮮有急此兵即可護我外藩即令倭
亦疲于兵革未必即來而遼左空虛每議募兵設防
則又以防虜是一舉兩得臣善後疏中亦屢言内備
之當議秪恐財力不給付之無可奈何也然防患貴
未然有備斯無患似無可惜小忘大伏乞 勑下該
部再加查酌量爲添設仍通行薊遼天津山東各撫
臣逐一查議設備至于腹裏官兵久不習戰談及于
倭猶如說夢若驟一見敵未有不驚且走者故腹裏

雖設兵丁似不可不揆羅營中分別委任使之講練
前驅庶　神京門戶堂奧無海寇之虞矣已上俱疏欽

海防纂要卷之三

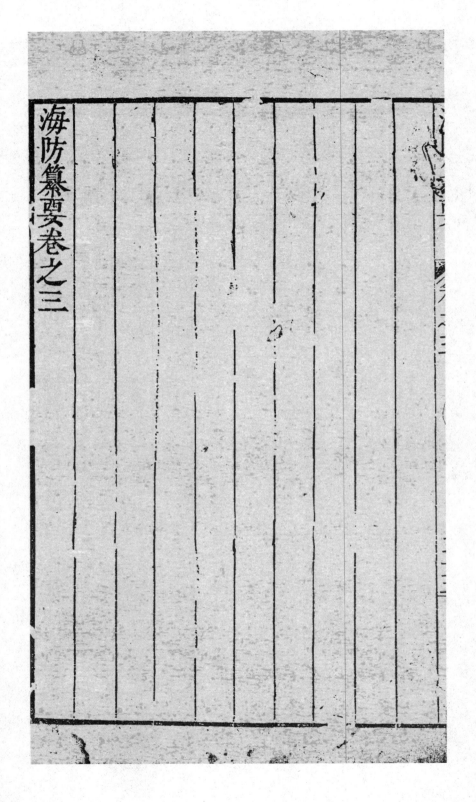

本心迺爲脫身之計且欲渡洛東江苦無船隻而糧米又盡機會可乘必須大加挫衂方見忠猷儻使逸去乃一入犯中國復搶朝鮮皆我等縱虎自貽其患也誠恐各該將官苟全平壤功次逗遛觀望致悮事機擬合再行串飭牌仰提督該司本官卽行三協并劉綎大小將領各出報國忠心追趕倭奴相近必先責以不還王子陪臣又將朝鮮人民背盟違約彼必無詞且趂此倭奴缺船乏糧窘迫之時機會有可乘統率軍士各奮謀勇窺賊半渡洛東江出奇乘而擊之是一策也再令全羅慶尚忠淸各道火速整捌水

兵飛船邀擊海口我兵過江追襲合兵進勦又一策也當此之時務必行此二策方爲完美不然旣不留還王子倭將又不遣還二使儻後果有謀犯等情我等何以自解提督該司本官務要遵照令牌所開二策一意進兵勦滅勿得拘泥未定之說聽信諸將偏執退縮之語中間不肯用心勇往振刷者卽拏赴本部發到旗牌前以軍法從事本部受有　王命調將不行雖不劾人將欲自劾各將愼之後悔毋及

其向未入朝鮮時其山川形勝尚未眞知故未敢浪陳茲身歷其境兼詳考圖帖細詢譯者始知本國幅

員東西二千里南北四千里蓋地從正北長白山發脉故北最長釜山鎮偏在東南隅與對馬島正面故日本兵馬易於入侵朝鮮若全羅一道直吐正南與中國蘇常相對如日本欲犯登萊天津必須乘東北風灣轉此嘴又候東南風然後能達大海巨洋波濤險惡安能如意若不至朝鮮登萊天津實未易犯故天護神京亘此一國於東西南北之間使日本兇夷不得逞志中華者天險限之也關白雄奸熟察此故含浙直閩廣竟圖朝鮮蓋朝鮮與薊保山東相拒止是西南一海並無旱路間隔其中由南而北自東及

西若尚州之洛東王京之漢水開城之臨津安州之清川定州之大定平壤之大同義州之鴨綠諸江俱係大川俱通西北海面陸行則有遼左一路以抵山海而水行則有七路可達天津山東等處若得順風三五日即達無甚難者故此奴一得朝鮮據爲巢穴分投入犯特易易爾吾禦於陸而水路難支吾禦於水而陸路不免三境動搖京輔振慴其患有不可勝言者故關白之圖朝鮮實所以圖中國而我兵之救朝鮮實所以保中國非若救鄉隣鬬者比也各降倭報稱初意欲建都朝鮮睥睨遼薊以三十萬犯浙直

三十萬犯闕廣以窺中原似非虛語也幸仗社稷威
靈廟堂石畫連戰三捷今且賺出王京事亦覺有頭
緒但倭奴擁衆尚駐尚州善山等處未即東徃見今
殺死朝鮮軍民數千懸首旗竿者千餘且列寨無筭
聯絡數十里不絕虎牢木柵石城土堡極其堅固一
路險阨處處埋伏哨丁宋好漢幾爲所獲其雖屢檄
提督進兵而將兵𢡟惰必不肯前軍中洶洶俱謂我
輩百死一生以三四萬兵馬却數十萬强倭不數月
而朝鮮土地幾已盡復晝夜身處冰雪鹽菜毫無入
口功勞非細廼言官反謂報捷悉虛級賞又云先給

二十兩比寧夏反爲不如經略題敘又不肯覆今乃天氣炎蒸疾病交作又欲遠追且倭勢甚衆營壘堅完鳥銃利害道路崎嶇若有疎虞將何以處職與提督雖百般催儹多方策勵然恐兵心有變不敢過責兵士多有疾故者後日人不察此儻歸之碧蹄之戰又可深慮任事者畏首畏尾如此何以集事如幸而倭眞恐懼漸次逸歸當爲朝鮮悉心善後務要萬全縱令再來必不使如去年竟達平壤若履無人之境也其要害分布亦當畫圖貼說與四鎮圖說並進退保朝鮮若保中國必不敢草率完事設關白果惡行

長輩擅出王京益兵添餉諸倭不敢遽歸我兵難於
即返必須尊臺王張即發陳璘沈茂兵馬前來協助
再假勑文慰勞將士給賞須給全數庶　皇恩播而
軍心勵兵勢張而倭膽落完績或可收也事關重大
不敢不罄其愚此乃萬分真的非敢誑者乞賜容訪
其情自見惟台慈鑒原社稷幸甚
爲倭衆遁歸屬國已復計處善後事宜疏惟是朝鮮
既復倭奴已遁本宜將大兵盡數撤還各鎮責令國
王自行居守斯爲兩便但該國殘破已極將士斃於
鋒鏑幼稚委於饑餒壯丁陷于擄掠勢甚不支而朝

鮮存亡又係中國治亂臣前已詳言之矣蓋全羅慶尚兩道在本國極南慶尚稍偏東角全羅稍偏西角故朝鮮謂曰二南而實倭犯必由之路舍此則無路來此係全國緊要門戶而王京平壤則堂奥也兩道守則朝鮮安朝鮮安則東保薊遼舉安釜山遥接對馬倭衆雖遁我之兵力固不能跨海遠征彼之狡譎實可以乘舟復犯亡羊補牢計不爲晚而久病蓄艾事不宜遲又不得不爲之調停區處者臣是以與提督李如松贊畫員外劉黃裳等多方商確查得前進兵民踏勘地形協力修舉應斬塹者斬塹應挑濠者

挑濠應築關者築關應建臺者建臺海口應設烽堠者比照內地舉建烽堠海船應派輪出洋哨探者不時哨探修復釜山等處舊設左右水營兵營今本國軍兵把守若鳥嶺三道又居腹裏當作重關非特朝鮮有備可恃無恐即使倭奴聞此亦必息心不敢輕動矣然留守官兵係皆徵調不相統攝今雖經臣劄委劉綎調度然權旣不隆事難畫一有如倭復再來則一時戰守進止之機必至甲可乙否此是彼非觀望姤嫌阻撓牽制大都介胄之士終屬稚曾師貞之義必藉丈人而朝鮮爲遼左外藩利害更相關繫則

該鎮似宜爲之經理者至于留兵糧餉一節先該臣
因國王請留砲手卽行據如松詳議得吳惟忠南兵
原議每名月支正糧銀一兩五錢行糧鹽菜銀一兩
五錢在于永平府支給川兵亦照南兵事例舉行每
月仍當各外加衣鞋銀三錢犒賞銀三錢其餘或應
留軍丁各照征倭事例關給至於將官千把總等官
廩給亦照原議量加優厚等因在案今該臣詳議兵
名雖有南北之分留守初無輕重之别矧離家萬里
異國從征若非厚利又何以結共心而使之効力也
禮部咨題覆　欽依議留劉綎等兵萬餘防守而全

慶要害兵微不能分布今從長酌議應留官兵一萬六千名其餘大兵俱已次第撤回各鎭以防內地其留守官兵見今督責前往俱聽劉綎派撥把守慶尚之大丘慶州善山高靈諸路全羅之南原雲峰光陽求禮諸路蓋二路守則門戸嚴倭雖狂狡難以突犯臣又移咨國王大略以留兵不能久戍援兵終難再煩倭賊不能保其不使復來修守不可不亟爲整飭速行八道令陪臣募選膂力精壯麗人以多爲善即使陪臣統赴劉綎營內聽本官調度令所服衣甲與南兵同所執器械與南兵同令各營教師訓練起伏

擊刺之法與南兵同倭來則助我兵以與敵不來則
合我兵以與守由此漸漸增加漸漸熟練又查得全
羅等處産有鐵料柴炭行委宋大斌督率匠役會同
彼處陪臣置造飛虎等砲及禦倭已試得力軍器復
令趂此新穀既登之時上緊搬運糧餉以便留兵支
給臣又以倭衆雖强若泛海而來利在速戰麗兵雖
弱若深溝高壘扼截險隘以待之則彼進不能攻旁
無所掠其計自詘今全慶之間俱山圍石合水遶江
環在在堪以設險郎行令劉綎會同各將領與該國
臣應一視同仁不論南北每軍一名月給月糧銀一

兩五錢行糧鹽菜銀一兩五錢衣鞋銀三錢犒賞銀三錢共銀三兩六錢將領以及千把總等官廩銀各于原支數目外量加一倍如有馬匹應支草料乾銀俱照見行事例臣初意欲將前項錢糧俱令朝鮮出辦節經移咨國王詳議及面諭禮曹陪臣尹根壽啓王計處去後隨准國王回咨及陪臣面訴小邦殘破委不能備爲自倭摽掠以致困疲原非推諉況該國風俗止用粟布並不行使銀錢故所積無幾及臣欲其開礦取利據稱炒造費力所獲無多又難指未獲之財而償目前之用也然今留兵雖云爲彼亦以爲

我況存屬國即以護　天朝守外藩亦以安內地非若芸人之田與救鄉鄰有鬬者比也則今日善後諸策誠不可緩而亦不容潦草了事者再照幹固枝强表正影直自昔記之今留兵客也朝鮮主也留兵不過爲其一時而該國自當計其久遠臣始聞倭奴直破朝鮮竊惟該國兵力在昔隋唐之世猶與中國抗衡何昔强今弱一至于此及入其疆乃知患不在人咎由巳作在國主與陪臣比湎酒耽詩沉精聲妓付理亂于不知置戎事而不問今當流離顛沛之時全無臥薪嘗膽之志雖臣屢經移咨欲其修廢舉墜革

故鼎新諄諄勸諭彼尚將近日政事盡付羣小主持徵其兵則未見前來促其糧則尚多缺乏虛修窮迫之辭時作乞哀之狀溺豫宴安猶昨也臣亦付之無可奈何而已及考朝鮮志書載在弘治正德年間釜山鎮已爲倭奴蟠踞釜山之人皆爲倭戶志書見在可查故該國常有倭患特未若去歲之甚耳幸我大兵爲彼恢復倭離釜山盡去西生浦而回歸本國者亦多若朝鮮再不乘此設防則海水桑田仍倭故物今臣訪知其世子稱光海君名琿者青年英發該國臣民盡皆傾服是天亦未亡其後也臣已移咨國王

令其世子出居全慶之間會同留守將領凡一應選兵設險置器運糧俱欲其親督則非惟陪臣畏懼不敢有違且使其熟練戎務歷涉艱辛他日承繼之時必能通達國體順適民情是亦爲朝鮮久遠善後之一助也

關白突起海上狡焉啓疆遣平行等等率衆直破朝鮮豈直利朝鮮計哉彼之居釜山慶尚之倭與朝鮮人婚媾貿易幾及百年蓋已習知朝鮮形勝接近中國若尚州之洛東江王京之漢陽江開城之臨津江安州之清川江定州之大定江平壤之大同江義州

之鴨綠江俱通西海直達薊遼保東諸處欲據之以睥睨内地耳況全羅慶尚係朝鮮一國喫緊門户此乃臣之實言非誑語也守全慶則朝鮮可保無事失全慶則朝鮮危矣守朝鮮則四鎮可保無事失朝鮮則四鎮危矣今日禦倭之計惟守朝鮮爲至要守朝鮮之全羅慶尚則尤要也況我之視倭猶倭之視我我兵不撤固欲待彼之歸彼倭不歸寧不待我之撤乎畏威而遁乘撤而來是又不可不爲之慮者也若今偏乎留守適得吾體猶可言也偏乎封貢大失吾常不可言也宣上德意奉而行之議封議守經權雜

施經能立於常勝之地權又行乎羈縻之術威可懾服其狂狡恩足招來其志意必如是而後謀出萬全倭情完計指日可定臣之所能自信自任一力擔當者惟此而已若以救朝鮮爲無謂守全慶爲非策退内地而省糧憑封貢而撤兵如此之計非臣所敢知也今之留兵可撤於　明旨與封之後必不可撤於餘倭未去之時可撤于朝鮮兵練險設之後必不可撤於該國未備之初幸賴　皇上慮震隣剝膚之患廓天覆地載之恩援師一舉我武維揚破平壤收王京保全慶逐釜山而今已驅之海外矣嘗謂釜山等

處猶我中國之虜地也入全羅慶尚猶我中國之九邊
也 皇上試以九邊之虜視焉其大者若順義之據
豐灘卜酋之據河套阿酋之據松山火酋之據莽剌
青酋之據開平長昻之據三衛皆離邊僅一二百里
耳然中國亦聽之禦之初不能逐於陰山之北廣莫
之野也恢復屬國已至於是臣等職業非爲不盡防
禦之事論乎常理當付朝鮮臣猶慮其君臣闇弱殘
破至極必不能守全慶險隘必不可失守之則爲朝
鮮中國之大利不守則爲朝鮮中國之大患故特留
兵一萬六千與共居守非但保朝鮮實以衛中國也

已上俱宋應昌平倭復國編

戸科給事中陳世恩奏倭奴之爲我　國家患非一日矣變詐叵測叛服靡常以故絶之弗許通焉誠愼之矣邇者思逞侵犯朝鮮聲言内犯我　皇上赫然震怒特遣大臣經略率師討之侍郎宋應昌受命而往正宜滅異類固藩籬以歸報　皇上可也夫何平壤初捷雖差强人意及碧蹄一戰遂至我兵大半損傷鋭氣盡消拙計頓起一則曰議貢一則曰議封及廷議弗是也乃假愚倭之計以自解然求貢乞封之文絶音于倭奴而盤踞搶擄之衆接跡于朝鮮是應

昌以封貢愚倭者終則反以自愚今且以總督顧養謙徃代矣但此一事也在經略征旆已還凱歌無聞儻議處之不當何以服人心而勵其後在總督銳氣正盛軍令方新儻申飭之未嚴何以一衆志而作其始所以振前事之敝者在今日所以新後事之端者亦在今日是誠不可不亟議也夫自應昌出師之始以及今交代之日歷一載餘其時不爲不久矣調發軍士其戰不爲無兵矣轉輸多方未聞乏匱不爲無食矣初則罷一御史而不阻其徃繼則聽其敗衂而不繩以法終則川兵殺傷數多不即奏聞而不責

其隱其任之者不爲不專矣顧在　朝廷無中制掣肘之慮在應昌有畏愞欺罔之辜在　朝廷直謗書盈篋而不問在應昌徒蔓言枝語以塞責是　皇上之任應昌者何其厚且深而應昌之自待者何其疎且淺也若不及時屏斥彼將討日還　朝偃然無忌以受賞矣况倭奴未滅終事難卜復姑息因循不亟處分抑何以爲任事不效者之戒哉誠宜勒令回籍仍將傷過兵馬數目行令各鎮查勘的實如倭患潰決有日仍行論罪則此經略大臣當議處分者也至于總督顧養謙才望素著受代伊始以總督而兼經

略調兵轉餉其於勢爲甚便昔曾巡撫遼東蒞事頗久其于地利人情習之又爲甚熟懲僨轅而易轍信可以肩兹鉅任矣第狥封貢之故套者可以苟且塞責如不毅然奮發而復且承訛襲舛徒以支吾目前則其于自便之計得矣　國家之事其何賴焉臣願皇上亟行勑諭當此春汛方殷之始力爲攻戰備禦之圖持安攘之正計斥封貢之邪說倭或來也務嚴拒于境上使一卒不入其内地即或倭入也務盡殲于境内使一卒不返于本國此則總督大臣所當議申飭者也如其不然經略曰封總督亦曰封經略曰

貢總督亦曰貢是經略既悞之于初總督將悞于再
年復一年人復一人臣恐披堅執鋭者皆 朝廷之
蒼赤豈容長困於海濵饋糧運餉者皆黔黎之膏脂
豈容久洩于閭尾且封貢之説一倡將吏忽守禦之
防豪傑懷嚮用之志一旦決裂不可收拾貽害無窮
誠難逆覩天下事將誰任其責者語曰當斷不斷反
受其亂正今日東事之謂也微臣一得之見如此
兵部尚書石星奏據科臣王德完田大益臺臣黃紀
賢許聞造等寺臣萬自約禮臣洪啓睿各疏總之爲
封貢不可爲 國家計遠以忠于 陛下耳顧貢雖

不許猶干封事未能釋然無疑卽剖臣心不能自白
臣伏思之封虛號也許封虛事也勤之進退而後封
則朝鮮因以保全士馬因以休息實利也諸臣豈固
不欲成此以釋　主憂哉本以事體重大加之傳說
參差故有疑倭海外蓄叵測之情而釜山無必退之
勢者有疑表文之眞僞難辨而使人之口吻難憑者
有疑催促可異和情可駭而封後弛備之可慮者以
此議論紛紛誠何足怪臣則以爲料敵宜審當機貴
斷貢市嚴絕則窺竊無由禁約嚴明則勾引可杜在
彼有不測之情在此無可乘之隙制人之術端不外

此故令小西飛至京羈留詳審以待督撫奏報倭退之日再遣科道各官一員前去勘實若倭盡退而一無所別求則用臣等封議斷然與之以示信不退而別有要求則用諸臣罷議斷然罷之以示威儻一面待封一面入犯即斬小西飛之頭傳示以見必剿如是許之有據絕之有名操縱在我不爲所制而表文之真僞使人之口情即此可斷亦何損于　天朝之舉動哉若不決於倭之退與不退必欲與令拒絕以快時論而失事機非臣之所敢知也何也信倭太深固足以養寇而貽憂待倭太急尤足以速寇而致亂

故臣以爲是舉也固朝鮮旦夕存亡之秋亦我内地旦夕安危之會諸臣不可不虛心而熟計之也至若催促表文二字臣見諸臣題參亦頗懷疑及查經略宋應昌原報到倭酋行長移書大略表文直待沈惟敬入營而問其言取信而後遣出故應昌使惟敬入而促之督臣令報特不說其實耳其和親之說尤爲關係無則不過傳訛之誤有則豈曰辱　國之誅先該經略侍郎宋應昌審問小西飛云是和好親密之意臣亦未能坦然無疑隨報有沈惟敬責問行長回答辯答之書其意與酋合而所以促表文之說亦具

在其中臣之所據不過如此以臣之愚莫若并將劉
綎兵撤回遼左一以復江上之備禦一以省朝鮮之
騷擾　諭令朝鮮恪遵　勅旨于大兵處所列兵阨
險待釜山倭退盡而據守亟圖自固其寬奠一帶改
設副總兵一員增壯丁若干厚加月餉戶部辦給不
得推諉專以彈壓搜剿無論倭之退與不退封之成
與不成常川守禦仍行令山東浙江直隷閩廣等處
沿海地方添設外有應加設備不拘水陸器具險隘
等項上緊修設訓練常如大敵在前倭奴入否不得
視封事之成否爲緩急但有守備不設者請如法以

後仍責各巡按御史凡巡歷沿海地方綜核司道殿最將領悉以此爲要務無備則不時處備有備則年終奏報到科以憑查考此主兵也其薊保宣大山西等鎮俱各預備客兵三萬以備倉卒應援總之以封爲虛事以完目前以防爲實際以圖遠慮庶幾有備無患可保萬全臣星之所自誓擔當至死靡移者此耳語曰耕當問奴織當問婢惟 皇上斷在不疑臣必不敢誤國恭候 命下遵照施行

福建巡按劉芳譽奏臣奉 命巡按福建遵限于萬曆二十二年二月二十日入境受事至本年三月初

三日據偵探倭情商人許豫回報一探得關白姓平名秀吉今稱大閤王年五十七歲子纔二歲養子三十歲秀吉平日奸雄詭詐六十六州皆以和議奪之一前歲侵入高麗被　本朝官兵殺死不計其數病死及病回死者亦不計其數彼時弓盡箭窮人損糧絕思遊無地詭計講和方得脫歸一關白各處新造船千餘隻大者長九丈闊三丈中者長七丈濶二丈五尺用櫓六十根大者八十根豫訪諸倭皆云候遊擊將軍和親不成亂入　大明等處一日本六十六國分作二關東關名相板關西關名赤門關各稱有

船數千隻限三月内駕至大溪點齊莫知向何處又點兵十八歲至五十歲而止若有奸巧機謀雖七十歲亦用之一日本長岐地方廣東香山澳佛郎番每年至長岐買賣禁鉛白絲扣綿紅木金玉等物進見關白透探 大明虛實消息仍嚴帶倭奴假作佛郎機番人潛入廣東省城覘伺動靜一關白奸奪六十六州所奪之州必拘留子弟爲質令酋長出師侵高麗實置之于死地各國暫屈仇恨不忘及察倭僧元龍與豫對答語氣各酋長甚有惡成樂敗之意豫于寫答之間亦微有囮誘之機浙江福建廣東三省人

民被擄日本生長雜居六十六州之中十有其三住居年久熟諳倭情多有歸國立功之志乞恩籌策令其回歸等情到職本月十五日又據許豫同夥商人張一學張一治將列關白城郭偵探事情開報中間與許豫同者不開外一稱平秀吉始以販魚醉卧樹下有山城州倭酋名信長居關白職位出入畋獵遇吉冲突欲殺之吉能舌辯應答信長收令養馬名曰木下人又言善登高樹呼曰猴精信長漸賜與田地改名森吉于是助信長計奪二十餘州信長恐吉造反加奬田地鎮守文界有叅謀阿奇支得罪信長刺

殺信長吉統兵乘勝捲殺綵謀占關白之位信長第三子御分見在吉部下一征高麗兵有三師名石淺野大谷大小謀議俱是三人一吉發兵令各州自備糧船乾米絡繹接應家家哀慼處處含寃一豐獲州酋首野何踏統兵在朝鮮聞 大明助兵喪膽迸回吉撡知剿殺一家立換總督一兵入朝鮮内浦港抽選七十人近回者止二十人尚國有大船裝載倭三百近回者五十人損失甚多一薩摩州乃各處船隻慣泊之地今從此發有往呂宋船回集交趾船三隻東浦船一隻暹羅船一隻佛郎機船二隻與販出没

此爲咽喉也一器械不過礦硝鳥銃爲害硫黄日本産出硝硝處惡土煎煉亦多惟鳥鉛乃　大明所出有廣東香山澳發船往彼販賣煉成鉛彈各州俱盛其旛鎗弓箭腰刀鳥銃鐵牌盔甲誠亦不缺一城池附在山城州蓋築四座名聚樂快淀俱在大界等處每城週圍三四里大石高聳三四重池河深濶二十餘丈內蓋大厦樓閣有九層高危尾板黄金粧下隔驕房百餘間將民間美麗子女拘留淫戀又嘗東西遊卧令人不知以防陰害一日本有罪不論輕重即時殺戮壬辰年吉有一孩兒病故妄殺乳母十餘人

癸巳十一月吉在名護屋回聞家中女婢通奸將男女四人生燒于大界野中究殺知情婢僕七十餘口凡盜竊不論贓私多寡登時殺之以是六州水陸平寧任其通行貿易一吉自丙戌年擅改倭國山城君懦弱無爲壬辰征高麗將天政二十年改爲文祿元年自號爲大閤王將關白職位付與義男孫七郎七郎字元吉年幾三十知勇不聞一擄掠朝鮮人民多良家子弟風飧草宿萬般苦楚有秀才廉思謹等二十餘人被掠日本吉令厚給衣食欲拜爲征　大明軍師謹等萬死不願等情據此會同福建巡撫許孚

遠看得平秀吉此酋起于厮役由丙戌至今不七八年而簒奪國柄詐降諸島縶其子弟臣其父兄不可謂無奸雄之智與兵朝鮮席捲數道非我　皇上赫焉震怒命將東征則朝鮮君臣幾于盡爲俘虜不可謂無攻伐之謀整造戰艦以數千計徵兵諸州以數十萬計皆曩時之所未有日夜圖思得一逞不可謂無窺中國之心使其遣酋率衆乘風揚帆寇我沿海省郡備禦兵力容有未完一時勝負得失是未可知也然臣等竊料平秀吉等一狡詐殘暴之夫耳本以人奴簒竊至此彼國諸酋欲爲秀吉之爲而思攘奪

之者甚衆陰謀代國構怨亦深如結薩摩州將辛侃逼令州官殺其弟又不得已爲降順其心未嘗一日忘秀吉也奪豐後之妻妾民間女子充塞邸內淫戀百端諸州質子禁若囹圄父子兄弟不能相見有不勝其仇讐忿恨之情日本原無征利之擾而今令各州遠道輸糧原無興大兵舉大衆之舉今則征發騷然舉國鼎沸倭之人民何堪每日嗜殺而賈其噬多行不軌而屢其毒故出則蒙面卧則移徙彼亦自知其不免于禍以事理策之秀吉之自底滅亡計日而待也若夫封貢之說臺省禮部諸臣言之甚詳臣等

無容復置其喙竊謂日本有山城君在雖其懦弱名分猶存一旦以　天朝封號加之僭逆之賊且將置山城君于何地祟奸怙亂乖紀滅倫非所以令衆庶而示四夷也比俺答之孫那吉來投于吾吾執以爲質而彼卑詞求之因而還其孫那吉此之議通貢市先帝有不殺之恩北虜無要挾之迹此一時機會遇有可乘而然而今非若此也平秀吉無故興師聲言内犯陷吾屬國東征之師相持日久損失亦多碧蹄戰後暫退釜山尚未離朝鮮境土而誤用細人之謀聽其講封講貢若曰朝廷許我封貢則退不許則進

要也非耶近朝鮮國王李昖奏稱倭賊方于沿海釜
山等處築城造屋運糧置器焚燒攻掠無有已時至
稱屠戮吾州六萬餘人尚可謂退兵乞和耶伏乞
皇上大震 天威罷議封貢明詔天下以倭酋平秀
吉犯 天誅必不可赦之罪兼勑文武將吏及 詔
勑日本諸酋長以擒斬秀吉則有非常之賞破格之
封 朝廷不封兇逆之賊而封其能除兇逆者以此
曉然令於天下然後奸雄喪膽豪傑生氣平秀吉一
酋不久當殄滅無難也臣等迂籌以爲今日之討莫
妙于用間莫急於備禦莫重于征剿項者倭酋倡亂

惟平秀吉一人諸酋長皆面降而心異中間未必無可以義感者可以利誘者秀吉原無親戚兄弟股肱心膂之人儻得非常奇士密徃圖之立談之頃事秘莫測則不煩兵戈而元兇可擒一獲元兇倭亂可已故曰莫妙于用間至于備禦之策頻年屢奉 明旨申飭當事諸臣亦云嚴矣臣等竊惟遼陽天津兩地密邇 京師一由朝鮮渡鴨淥江而上一由山東海面乘風疾趨設有踈虞令倭得長驅而入震驚 宸極此不可以不慮宜將東征之兵挑選合式增募二三萬人遣大將二員分屯兩地以防不測其各省直

水陸兵防更于今日嚴爲整備俟其入寇吾境或犄
角相與戮力殲之此不可恃其不來一日懈緩者故
云莫急于備禦然用間妙矣恐未可必得志于彼備
禦急矣恐未能使破膽于我臣等以爲彼不内犯則
已果其内犯大肆猖狂我　皇上與二三大臣定議
征討發内帑百萬助諸省打造戰船二千餘隻選練
精兵二十萬餘人乘其空虛出其不意會師上游直
搗倭國順　命者宥逆　命者誅彼秀吉一酋何能
迸遁此所謂堂堂之陣正正之旗名其爲賊敵乃可
服也故曰莫重于征剿或者謂其與師遠涉爲費不

貲當國計詘乏之時竊計之山東浙直閩廣備兵餉歲不下二百萬兩積之十年則二千萬兩又積之三五十年其費不可勝窮今征倭所費不過一歲之需而足若倭奴蕩平之日海防又可息肩各處歲派餉銀可以坐省其半一勞永逸事半功倍未有若斯舉者矣臣又聞元世祖曾以舟師討倭致溺十萬衆于五龍山下談者恒以爲口實臣竊料元世祖雖雄其實虜人不諳海上形便當下時帥必多達官彼以不習波濤不識風汛之人而驅駕海洋真顛倒沉溺雖百萬何用今在東南而用舟師則大不然必習波濤必

知風汛乘而往之無憂覆溺試觀沿海商民興販各
國者百鮮失一故元事非所論于今日也至于廣東
香山澳佛郎機番夷交通接濟一節實爲有因乞
勑兩廣總督軍門設法禁處其浙江福建廣東三省
住居倭國之人不論歲月久近有罪無罪但有歸志
詔命跟付差去使客船隻回還則順逆之分明華夷
之防定四海人心咸爲一快矣
南京兵科署科事刑科給事徐桓奏太僕少卿張文
熙以調四省兵往日本搗巢爲請臣見其策甚奇而
難行不得不爲糾正臣讀籌海圖編云備倭之術不

過守禦二者而已未聞泛舟大海遠征島夷蓋巨海
中無風時絕少颶風一作天即昏黑舟遇沙灘率皆
覆沒雖以元世祖之威挾華夷全盛之力加伯顏孛
木兒之勇率舟師十餘萬遠征日本一遇颶風盡爲
魚鱉史書生還者纔三人此其明鑑也即我　成祖
時巳卯浙直會兵大衢殿前邀賊歸路風雨大作飄
没舟師以千萬計夫大衢切近碭山馬蹟距日本尚
遠而邀其惰歸且不可乘危倖功况遠涉大洋深入
日本而能取勝萬全乎據張文熈疏稱調集四省舟
師奮勇擣巢以牽其東歸社其内犯此正法所謂批

亢擣虛固爲良策而其勢實有難行者文煕以爲四
利臣則以爲五難兵曰擣巢蓋攻其所必救如孫臏
直走魏都而龐涓解圍以救魏是也若日本與朝鮮
隔絕大海聲息不相聞而犬羊異類親屬不相顧攻
之未必救也縱顧其巢穴何能牽其東歸此其難一
許儀後報稱日本六十六國每國整兵二萬則兵餉
百萬矣今住平壤者各四十萬則其精銳尚多也彼
以逸待勞我以勞攻逸如驅羣羊搏猛虎爾縱能遠
涉未必勝而況風波洶湧萬不能濟乎此其難二千
里餽糧士有饑色四省中惟浙閩去日本稍近而南

直廣東不止數千里矣況茫茫大海運道不通兵餉何能接濟又不可隨地而因糧者士能無枵腹之虞乎此其難三頃以通州兵餉道竭人且嗷嗷生怨讟矣況調四省兵遠征日本彼見以爲必死之役誰肯舍生以勇往者勢必騷動則生事端外患未除內變先作此其難四閩廣兵數臣不能知若浙直沿海兵多不踰萬爾今每省調一萬五千則必空壘而出防守者何資況倭奴人人能戰而以六萬師搗之衆寡不敵勝負易分此其難五夫此五難皆理勢之易見者既冒海波之險且未必獲利況風濤不測而欲冒

險邀功不爲胡元棄師之續即蹈大衢覆卒之轍矣文熈爲此奏其未深長思乎臣愚謂莫若先聲以奪其氣用間以離其黨迎擊以挫其鋒伏奇以躡其後何爲先聲令西賊殄滅　神武奮揚以捷宣布四夷差遊擊沈惟敬齎帖徃平壤宣　諭倭將彼必讋服求貢然後與之約曰十年一貢有常期如期則可貢道由寧波有常地如地則可儻倭畏威而修貢如常則一紙書賢於十萬師遠矣頃惟敬曾以大言起倭敬畏況假以　皇靈之重乎此不戰屈人之一策也何爲用間昔王直誘倭入犯倭王不知也募生員蔣

洲爲間使卒擒王直令關白淫暴過於桀紂六十六州本非心服而豐後占其妻卒西海山陽數國皆生疑變而閩浙中如蔣洲者未必無人若以重賞購之得一二謀略士往說諸國必能斬關白頭立奇功於絕域此以夷攻夷之一策也何爲迎擊臣知倭性最懼急攻葢窮寇遠來必饑且困苦吾乘其敝而擊之則易爲力昔劉江鎮遼東望寇將至即令奮擊金線島息倭患二百年今宜　勑經略整頓舟師於鴨淥江以善瞭者望倭船未抵岸攻之或絕其半渡或挫其前鋒未有不全勝者此攻其無備之一策也何爲

伏奇臣聞倭善用伏兵之計不識詐敗之機彼善用伏而我以正兵敵之故鮮不敗昔胡宗憲禦倭嘉興令彭藎臣以前鋒迎敵佯敗而走敵過伏起三面夾擊即有王江涇之捷今宜　勑經略相度形勢於金復盖义墩堡中有埋伏處伏奇佯誘伏起夾擊寇衆必亂此出其不意之一策也如蒙　勑下該部查議搗巢五難是否難行臣陳四策果否可行難行者不妨停止可行者亟爲採用如此則妖氛日靖海波日澄蠢爾倭奴將草薙而禽獮之不難矣萬全勝算似無過此　已上俱續文獻通考

海防纂要卷之四

海防纂要 卷之四 三十四

附全五册目録